MÖRDER, HUREN, HERZENSBRECHER

ILONA PRIEBE

MÖRDER, HUREN, HERZENSBRECHER

Spektakuläre Verbrechen und ihre Schauplätze in Köln

mitteldeutscher verlag

www.mitteldeutscherverlag.de

ISBN 978-3-89812-846-9

Printed in the EU

INHALT

III WESTLICH DES DOMS

VORWORT

Verbrechen hat es zu allen Zeiten gegeben. Betrug, Verleumdung, Diebstahl, Mord – immer waren die Gesetzesbrecher einfallsreich bei der Ausübung ihrer Tat. Allerdings wurde in den verschiedenen Epochen sehr unterschiedlich mit den Straftätern umgegangen. Bis zur französischen Besetzung von 1794 bis 1814 hing beispielsweise ein Strafmaß durchaus davon ab, wer die Tat begangen hatte. Angesehene und einflussreiche Menschen kamen nicht selten ungeschoren davon, obwohl sie schuldig waren.

Dieses Buch erzählt von den – mitunter traurigen – Schicksalen Kölner Gestalten, berühmten und weniger berühmten, schuldigen und unschuldigen. Es führt den Leser zu markanten Orten in der Stadt, die in früherer Zeit eine besondere Rolle spielten und wo sich oft schaurige Dinge ereignet haben.

Tauchen Sie ein in das „alte, finstere und schaurige“ Köln.

Und unterhalten Sie sich dabei gut, wünscht Ihnen

Ilona Priebe
Köln, im Oktober 2011

RUND UM DEN DOM

Der Kölner Dom ist nicht nur ein Magnet für Millionen Touristen jedes Jahr. Er ist ein Denkmal und Wahrzeichen – und für die Rheinländer das Herzstück kölscher Kultur- und Lebensgeschichte. „Mer losse d'r Dom en Kölle, denn do jehöt hä hin" heißt es schon im Volksmund. Die Kölner sind stolz auf ihren Dom. Nicht ganz so stolz ist man jedoch auf den traurigen Rekord, dass Köln in Deutschland die Nummer eins ist in puncto Taschendiebstahl. Und der beliebteste Ort für Langfinger ist leider – der Domplatz.

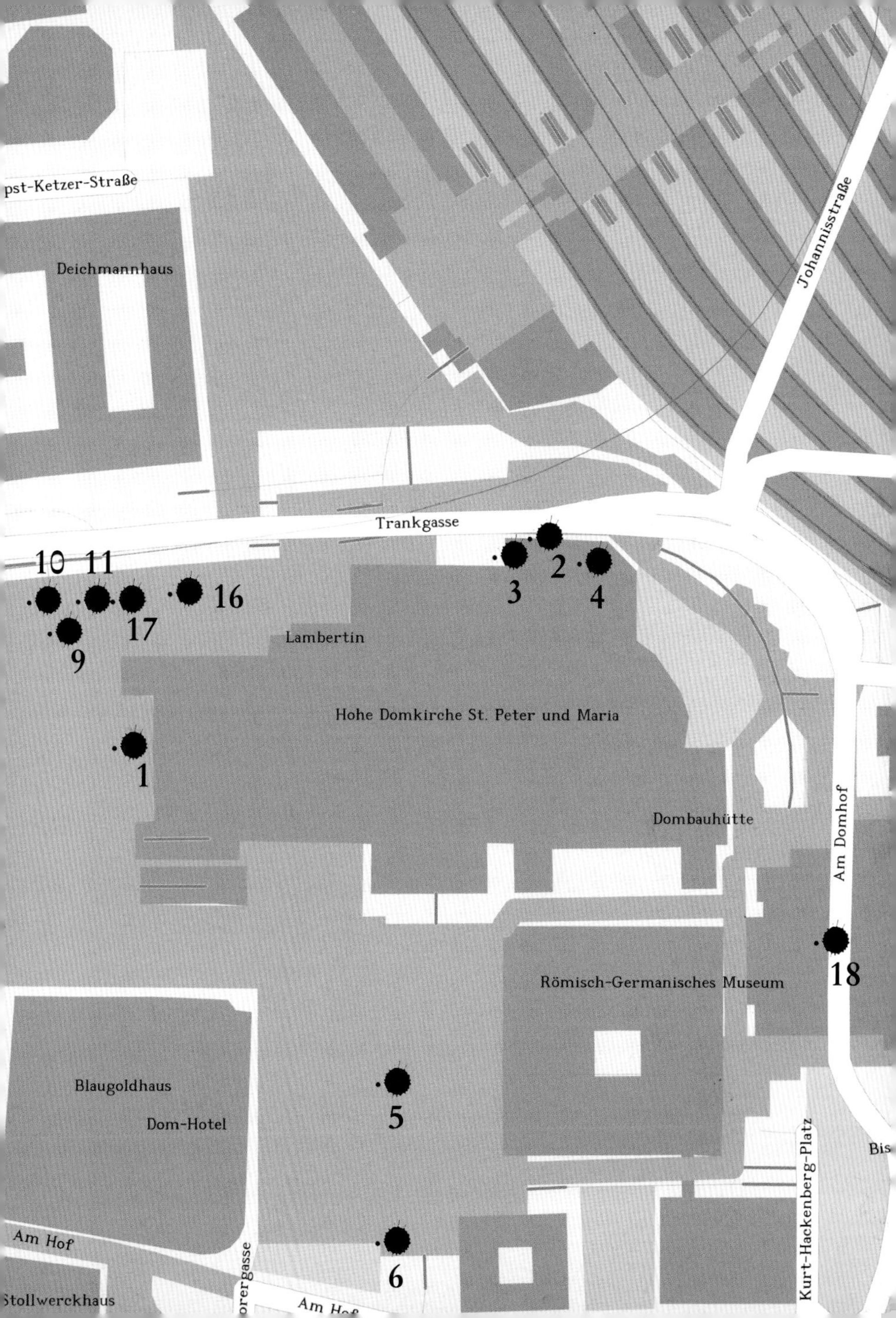
pst-Ketzer-Straße
Deichmannhaus
Johannisstraße
Trankgasse
10
11
16
17
9
2
3
4
Lambertin
Hohe Domkirche St. Peter und Maria
1
Dombauhütte
Am Domhof
18
Römisch-Germanisches Museum
Blaugoldhaus
Dom-Hotel
5
Bis
Kurt-Hackenberg-Platz
Am Hof
6
orergasse
Stollwerckhaus
Am Hof

1

ACHTUNG: DIEBE!

• Domplatz

Von wegen heilig: Nirgendwo in Köln wird mehr gestohlen als auf der Domplatte. Portemonnaies, Handtaschen, Fahrräder – kaum etwas ist vor den Langfingern sicher. Bedenkt man, dass der Kölner Dom die Touristenattraktion Nummer eins in Deutschland ist, so ist dies kaum verwunderlich. Denn bei so vielen Menschen Tag für Tag ist der Domplatz äußerst attraktiv für Diebe und Kleinkriminelle. So kann es leicht passieren, dass ein Besucher gar nicht bemerkt, wie seine Handtasche oder sein Geldbeutel den Besitzer wechselt. Und auch für Radfahrer gilt – nur wer seinen Drahtesel gut abschließt, kann sicher sein, dass sein Rad auch hinterher noch dort steht, wo er es abgestellt hat.

◄ Zu allen Zeiten spielte sich Kriminelles rund um den Dom ab

2 RAUB IN DER DOMSCHATZKAMMER

• Domkloster 4

Der Weg führt nun an die Nordseite des Doms. Dort befindet sich seit dem Jahr 2000 die neue Domschatzkammer in einem unterirdisch gelegenen Gewölbekeller aus dem 13. Jahrhundert. Bis zu seiner Neueröffnung wurden die Schätze nebenan in einem recht kleinen Raum im Dom aufbewahrt. Die Kostbarkeiten waren zu allen Zeiten ein Objekt der Begierde für Diebe und Ganoven, deswegen verschwanden in fast jedem Jahrhundert wertvolle Schmuckstücke. Glücklicherweise flossen dem Dom zu allen Zeiten neue Schätze zu, sodass die Domschatzkammer trotz zahlreicher Verluste nie gänzlich leer wurde.

Ein ungewöhnlicher Einbruch trug sich in der Nacht vom 1. auf den 2. November 1975 zu. Kurz nach Mitternacht hörten die Wächter im Dom, dass es in der Domschatzkammer schepperte. Sie konnten aber nicht nachsehen, da der Schlüssel zur Domschatzkammer beim Küster aufbewahrt wurde. Nachdem dieser verständigt worden war, eintraf und aufschloss, bot die Domschatzkammer ein Bild der Verwüstung. Alle Vitrinen waren aufgebrochen, zahlreiche Kostbarkeiten verschwunden. Als wenig später die Polizei kam, stellte sie fest, dass einer der Täter durch eine Ventilatorenöffnung in die Domschatzkammer eingestiegen war.

Die Ermittlungen führten zu Ljubomir E., bei dem man zwei Männer ohne Aufenthaltsgenehmigung für Deutschland antraf. Polizisten nahmen die Verdächtigen fest, konnte ihnen aber erst einmal nichts nachweisen und schickte sie aufgrund der ungültigen Papiere nach Italien zurück. Die Polizei begann, über die Fernsehsendung „Aktenzeichen XY ungelöst“ und über Interpol nach dem Täter zu suchen. Die Versicherungsgesellschaft engagierte zusätzlich einen Detektiv, der als „Hehler“ getarnt den Kontakt zu den Dieben aufbauen sollte.

Nach etwa acht Monaten stießen sie auf zwei an dem Einbruch Beteiligte. Es waren die beiden Männer ohne Aufenthaltsgenehmigung, die in der Wohnung des Hauptverdächtigen aufgegriffen worden waren. Durch deren detaillierte Aussagen erfuhr die Polizei später viele Hintergründe zur Tat: Der Haupttäter Ljubomir E. hatte herausgefunden, dass es möglich war, über die Lüftungsanlage in die Domschatzkammer zu gelangen. Allerdings hatte er wohl nicht bedacht, dass das Diebesgut viel „zu heiß“ war, um es über einen normalen Hehler auf dem Schwarzmarkt zu verkaufen. So versuchte er, die Gegenstände einzuschmelzen, wodurch er einen Großteil seiner Beute zerstörte. Er wurde schließlich in Italien gefasst, aber es dauerte noch etwa ein Jahr, ehe ihn die italienischen Behörden nach Deutschland ausliefern konnten. Der Richter verurteilte ihn zu einer Haftstrafe von siebeneinhalb Jahren, die er fast voll absitzen musste. Die Mittäter waren zuvor zu fünf Jahren Gefängnis verurteilt worden, kamen aber drei Jahre später dank ihrer guten Führung auf freien Fuß.

3

DAS VERSCHWUNDENE KREUZ

• Domkloster 4

Zwanzig Jahre später, im Februar 1995, geschah der nächste Diebstahl am helllichten Tage: Aus einer Vitrine verschwand ein silbernes Vortragekreuz aus dem 19. Jahrhundert. Diesmal wandte sich die Polizei an den Kölner Ganovenkönig Heinrich Schäfer, genannt „Schäfers Nas“ (→ 49) aufgrund seiner markanten Nase. Durch einige Schlägereien mit Konkurrenten wie Anton Dumm (→ 49), genannt „Dummse Tünn“, war er ein respektable Größe in der Kölner Ganovenwelt. Schäfers Nas konnte auch sehr bald das wiedergefundene Kreuz mithilfe eines Mittelmannes an den Dompropst übergeben. Den Finderlohn lehnte er aber ab, denn „den Dom bestiehlt man nicht“. Über die Messe, die der Domprobst für ihn stattdessen lesen wollte, freute er sich dafür umso mehr. Allerdings gehörte es auch zu seiner Ganovenehre, niemandem zu verraten, wie das Kreuz verschwand und wer dahintersteckte.

MORD AM KÖLNER ERZBISCHOF

4

• Domkloster 4

In der Heiltumskammer in der neuen Domschatzkammer findet der Besucher den barocken Schrein für den Kölner Erzbischof Engelbert I. Er war ein jüngerer Sohn des Grafen von Berg und wurde 1217 mit etwa 30 Jahren zum Erzbischof von Köln geweiht. Wenig später verstarb sein ältester Bruder, Adolf III. von Berg, ohne männlichen Erben. Damit fiel das Erbe an seine Tochter Irmgard, die mit Heinrich IV. von Limburg, dem Sohn des Herzogs Walram IV. von Limburg, verheiratet war. Engelbert I. beanspruchte allerdings das Erbe für sich und erstritt es sich auf dem Weg der Fehde. Der Streit endete mit dem Ergebnis, dass nach dem Tod Engelbert I. das Erbe, die Grafschaft Berg, an Heinrich IV. von Limburg fallen sollte. Da Engelbert I. auch Reichsverweser war und zum Vormund für den Sohn Kaiser Friedrichs II., den späteren Kaiser Heinrich VII., bestellt worden war, zählte er seinerzeit zu den mächtigsten Männern im Reich.

Im November 1225 nahm allerdings sein Leben ein jähes Ende. Seine eigene Familie hatte sich gegen ihn verschworen. So lauerte auf dem Weg zwischen Soest und Köln über Schwelm bereits ein Trupp von über zwanzig Männern unter der Leitung seines Neffen Friedrich von Isenberg, der ihn überfiel und ermordete. Hinter dem Überfall wird der Graf Walram I. von Limburg vermutet, dessen Heer zwei Tage nach Engelberts Tod eine kurkölnische Burg besetzte, was einer gewissen Vorbereitungszeit bedurfte. Friedrich von Isenberg floh und wollte sogar den Papst in Rom von seiner Unschuld überzeugen, was ihm aber nicht gelang. Als er nach einem Jahr 1226 zurückkehrte, wurde er in Lüttich verhaftet, zum Tode verurteilt und in Köln gerädert.

1979 untersuchten Kölner Gerichtsmediziner die Gebeine Engelberts. Sie stellten über vierzig Hiebe und Schläge fest, davon war alleine eine etwa fünf Zentimeter lange Verletzung in der Schädeldecke vermutlich tödlich. Die zahlreichen Verletzungen lassen auf eine heftige Gegenwehr des Erzbischofs schließen. Es wird sogar vermutet, dass Engelbert I. beim Überfall lediglich gefangen genommen werden sollte, es aber aufgrund der heftigen Gegenwehr zu dem tödlichen Unfall kam. Erzbischof Engelbert I. war bei vielen Menschen sehr beliebt gewesen und wurde wie ein Heiliger verehrt, allerdings wurde er nie offiziell heiliggesprochen.

Die Reliquienbüste des Engelbert von Köln ➤

5

DER GESOTTENE PRIESTER

• Roncalliplatz

An der Südseite des Doms, unweit des heutigen Domhotels, stand das „Hohe Weltliche Gericht“ (→ 7). Es war berechtigt, Todesstrafen zu verhängen. Im Jahr 1474 hatte sich der Greve, der oberste Richter, eine ganz besondere Strafe für einen Delinquenten überlegt. Es wurde im Domhof ein Gebälk gezimmert und ein großer Kessel angebracht. Am Tag der Hinrichtung feierte man zunächst eine Messe im Dom, an der sieben Weihbischöfe und das gesamte Hohe Domkapitel teilnahmen. Nur der Delinquent, ein Priester des Hohen Domkapitels,

⮝ Normalerweise wurde an der Südseite des Doms das Urteil verkündet, einmal wurde aber auch eine ungewöhnliche Hinrichtung vollstreckt

durfte der Messe nicht beiwohnen. Nach dem Gottesdienst zog das Hohe Domkapitel in den Domhof ein und der Henker schritt zu Werk. Er stieß den Priester gegen den Blauen Stein (→ 6) stellte eine Leiter an den mittlerweile kochenden Kessel und der Delinquent musste in den Kessel hinein. So wurde der Priester zu Tode gesotten. Immerhin widerfuhr ihm dabei die Ehre, angesichts des Doms – und damit seiner Arbeitsstätte – hingerichtet zu werden. Sein Leben hatte er verwirkt, weil er eine Reihe Leute betrogen und bestohlen hatte und zudem sieben Jahre nicht zur Beichte gegangen war, obwohl er die Messe zelebriert und Sündern die Absolution erteilt hatte. Da er selbst jahrelang nicht gebeichtet hatte, durfte er auch vor seiner Hinrichtung nicht mehr beichten.

Nach damaliger Auffassung wurden durch das Sieden die Strafen, die einem Sünder in der Hölle drohten, auf Erden vorweggenommen. Somit hatte man noch die Möglichkeit, über die Buße ins Paradies zu kommen. Bis zu seiner Hinrichtung saß der Priester in der „Hacht“ (→ 6), dem Kerker im Domhof.

6

DÜSTERER KERKER: DIE HACHT

• Südseite Roncalliplatz

In der Hacht, einem ehemaligen Kölner Gefängnis, saßen diejenigen ein, deren Vergehen im Hohen Weltlichen Gericht (→ 7) verhandelt wurden. Dieser massive Steinkerker befand sich bis zum Ende des 19. Jahrhunderts an der Südseite des Domhofs, der heutigen Südseite des Roncalliplatzes.

Ernst Weyden beschreibt ihn um 1810 so: „In der südwestlichen Ecke [des Domhofs] droht unheilverkündend das Kriminalgefängnis, die ‚Hacht', ein schauerlicher Bau, dessen düsteres Äußere von den Gräueln erzählt, welche derselbe in seinen Verliesen mit ihren steinernen Fuß- und Handstöcken, ihren Halseisen und schweren Fesseln birgt. Wir Kinder schlugen ein andächtiges Kreuz, wenn wir vorübergingen, und dies nicht minder bei dem […] unheimlichen Bau, den wir das ‚hohe Gericht' nannten, wo den armen Sünderlein ihr Todesurteil verkündet, wo der Stab über sie gebrochen, wo sie dem Henker zum letzten Gang überantwortet wurden."

Den an der Kirche St. Johann stehenden „Blauen Stein" hatten die Revolutionsmänner vernichtet. Wer aber kannte nicht des Nachrichters Spruch, mit dem dieser den armen Sünder dreimal mit dem Rücken an den Stein stieß, ehe er den Karren bestieg, ehe die Armsünderglocke von dem Turme dröhnte: „Ich stüssen dich an der bloe Stein, Do küss dingen Vader un Moder ni mih heim!" Damit war klar, dass man nicht mehr nach Hause kam.

Einige Meter von der Hacht entfernt stand im Mittelalter eine der städtischen Schand- oder Spottkronen (→ 36).

Die Schandkrone mit den Halseisen gehört zu den Prangerszenarien und ist heute im Kölnischen Stadtmuseum zu sehen ➤

7

AUSBILDUNGSSTÄTTE FÜR HÜTER DES RECHTS

• An der Rechtschule

Gleich neben dem WDR, vom Wallraf-Platz abgehend, erstreckt sich die Straße An der Rechtschule. Hier wurden an der Kölner Juristischen Fakultät bereits im Mittelalter die späteren Advokaten und Richter ausgebildet. Das Hohe Weltliche Gericht urteilte über schwere Delikte wie Mord, Betrug, Gotteslästerung und Ehebruch. Es setzte sich zusammen aus dreizehn Männern, zwölf Schöffen und dem obersten Richter, „Greve“ genannt.

Die „Niedere Gerichtsbarkeit“ lag beim Rat der Stadt und den Zünften (→ 21). Unter den einzelnen Gerichten gab es oft Streitigkeiten über die Zuständigkeit.

LIEBER HINRICHTUNG ALS HOCHZEIT

8

• Unter Fetthennen

Vom Wallraf-Platz führt die Straße Unter Fettenhennen zum Dom. Hier saßen in früheren Zeiten die Buchdrucker, die ihre Bücher auch verkauften. Im September 1566 geriet Tilmann Isenhaupt wegen eines Buches in einen großen Streit, der alsbald in eine Schlägerei ausartete. Als ein Mann Tilmann mit einem Eisenring am Kopf verletzte, setzte sich dieser mit seinem Schwert zur Wehr und verfolgte den Fliehenden bis in den Dom. Dort verletzte er ihn sowie weitere Kirchgänger mit dem Schwert. Das Vergehen wog so schwer, dass Tilmann alsbald an die Hohe Gerichtsbarkeit überstellt wurde. Als der Greve, der oberste Richter, das Todesurteil verkündete, fanden sich immerhin gleich zwei Frauen, die den unverheirateten Tilmann ehelichen wollten. In solchen Fällen konnte der Greve in eine „Losheirat" einwilligen. Tilmann zog allerdings den Tod vor. Auf den folgenden Weg zur Hinrichtungsstätte außerhalb der Stadt begleiteten viele Menschen den Schandkarren und forderten vom Henker immer wieder, Tilmann freizulassen. Doch dieser Forderung konnte der Henker nicht nachkommen, da er keine Befugnis hatte, Urteile zu ändern. Er sollte sie lediglich ausführen. Auf der Hinrichtungsstätte konnte Tilmann allerdings mithilfe eines beherzten Mannes, der seinen Strick zerschlug, fliehen. So erlangte Tilmann Isenhaupt seine Freiheit, ohne eine der beiden Kölnerinnen heiraten zu müssen.

9

DER BÜRGERMEISTER IN DER LÖWENGRUBE

• Kardinal-Höffner-Platz

Am Ende der Straße Unter Fettenhennen ist ein römisches Seitentor des einst riesigen Nordtores zu erkennen. Im Volksmund hieß es lange Zeit die „Pfaffenpforte". Der Sage nach sollen hier zwei Domherren gehängt worden sein: Und zwar hatten die beiden den damaligen Bürgermeister Gryn zum Essen eingeladen. Da der Bürgermeister ein vorsichtiger Mann war und das Verhältnis der Kölner zu ihrem Stadtherrn, dem Erz-

▲ Das Relief am Rathaus zeigt den Kampf von Hermann Gryn mit dem Löwen

bischof, angespannt war, traute Hermann Gryn den Domherren nicht richtig. Er versteckte ein Schwert unter seinen Kleidern, ehe er sich zu seinen Gastgebern auf den Weg machte. Die wollten ihm als besonderen „Leckerbissen“ einen Löwen zeigen. Da der Bürgermeister neugierig war und ein solch exotisches Tier auch noch nie gesehen hatte, ließ er sich von den beiden Domherren in den Keller zu dem Löwen führen. Doch kaum am Käfig angelangt, sprang ein Domherr vor, öffnete das Gatter und der andere Domherr stieß den Bürgermeister hinein und verriegelte das Gatter wieder. Dann verschwanden die beiden und Gryn saß bei dem Löwen im Käfig. Als der Löwe auf ihn ansetzte, griff der Bürgermeister geistesgegenwärtig zu seinem Schwert, tötete den Löwen und konnte sich auch aus dem Käfig befreien. Völlig erschöpft kehrte er nach Hause zurück. Dort wollte zunächst keiner glauben, dass es der echte Gryn war, denn die Domherren hatten mittlerweile überall in der Stadt verbreitet, Gryn sei unglücklich in die Löwengrube gefallen und der Löwe hätte ihn getötet. Gryn brachte den Fall vor Gericht und die beiden Domherren wurde zum Tode durch den Strang verurteilt. Das Urteil wurde angeblich am römischen Nordtor, das noch in der mittelalterlichen Stadt in der Nähe des Domhofs und der Domdechanei stand, vollstreckt. – Die Sage spiegelt das angespannte Verhältnis der Kölner zu ihrem Stadtherren, dem Erzbischof wieder, das erst mit der Schlacht zu Worringen 1288 zugunsten der Kölner geklärt wurde.

10

RÄUBERHAUPTMANN MATHIAS WEBER

• Domplatz

Die Köpfmaschine, auch besser bekannt als Guillotine, war eine Neuerung, die mit der französischen Vorherrschaft im ausgehenden 18. Jahrhundert einherging. Sie wurde bei Bedarf in der Nähe des Doms aufgestellt und kam in Köln erstmals im Mai 1799 bei dem Deserteur Jacob Bettinger aus Bullay an der Mosel zum Einsatz. 29 Menschen wurden in dreieinhalb Jahren, in denen die Guillotine am Dom eingesetzt worden war, „einen Kopf kürzer" gemacht. Es ist davon auszugehen, dass die Kölner aufatmeten, als im Februar 1803 die Köpfmaschine samt Scharfrichter Hamel nach Aachen abgezogen wurde. Dorthin hatten die Franzosen auch das Hauptkriminalgericht verlegt.

Der Letzte, der im Februar 1803 durch das Fallbeil in Köln hingerichtet wurde, war der 25-jährige Mathias Weber, genannt „der Fetzer". Seinen Spitznamen Fetzer hatte er erhalten, weil er nicht lange fackelte, wenn es darum ging, an Beute zu kommen und so zum Beispiel das Gepäck von Postkutschen einfach herunterfetzte. Ihm wurden über 300 Raubüberfälle, zahlreiche Morde und andere Vergehen vorgeworfen. Zehn Jahre lang hatte der Fetzer mit seiner Bande die Gegend unsicher gemacht. Er saß auch immer wieder in Kölner Gefängnissen, wie dem Bormshäuschen (→ 24) am Rathaus oder dem Frankenturm (→ 33) am Rhein. In der Regel gelang ihm aber nach wenigen Tagen die Flucht.

Damit die Schaulustigen wussten, wer genau unter dem Fallbeil lag, wurden immer Handzettel mit den wichtigsten Informationen und einer Porträtzeichnung verteilt. Der

Durch die Fixierung des Hauptes in der Guillotine war ein schneller Tod möglich ➤

Handzettel des Mathias Weber existiert noch. Mathias Weber hatte sich vor seiner Hinrichtung ausgiebig mit der Köpfmaschine beschäftigt. Sein letzter Wunsch lautete sogar, dass er sich die Köpfmaschine mit ihrem Mechanismus ganz aus der Nähe anschauen wollte. Da er sich mit der Technik sehr intensiv auseinandergesetzt hatte, wusste er wahrscheinlich auch genau, dass er sich unter dem Fallball sehr ruhig verhalten muss, um Komplikationen zu vermeiden.

DIE GUILLOTINE

Das Köpfen mit dem Fallbeil – „Köpfmaschine" – geht auf den französischen Arzt Guillotin zurück, der diese humanere Form der Hinrichtung der Nationalversammlung vorgeschlagen hatte. Der Todeskandidat sollte möglichst schnell ins „Jenseits" befördert werden.
Zuvor galt als eine der schnellen Hinrichtungsmethoden das Köpfen mit dem Schwert. Allerdings gab es hierbei immer wieder Fälle menschlichen Versagens. Um solche Zwischenfälle zu vermeiden, entwickelten die Franzosen die „Köpfmaschine". Die ersten Konstruktionen waren noch sehr einfach: Das Fallbeil wurde an zwei Stangen geführt. Es war oben in einer Haltevorrichtung befestigt. Löste der Scharfrichter diese Haltevorrichtung, sauste das Fallbeil hinunter. Dieses Procedere setzte aber voraus, dass der Hinzurichtende genau unter dem Fallbeil positioniert war, damit das Beil zwischen zwei Halswirbel durchging. Da die meisten vor ihrer Hinrichtung sich aber wehrten oder nervös zappelten, wurden sie auf einem Brett festgeschnallt. Doch

die neue Technik funktionierte auch nicht in jedem Fall wie gewünscht. Immer wieder gab es katastrophale Situationen, weil der Hinzurichtende nicht ruhig unter dem Fallbeil lag, sodass dieses nicht den optimalen Punkt traf und der Kopf nicht mit einem „Arbeitsgang“ abgetrennt war. Der damalige Scharfrichter Johann Nicolaus Hamel zog dann meist die Handarbeit der Maschine vor und trennte das Haupt mit einem Messer ab. Später, als eine Fixierung des Hauptes möglich war, sprachen die Menschen von der Guillotine.

11 HAUPTKRIMINALGERICHT

• Domplatz

Als die napoleonischen Revolutionstruppen 1794 in Köln einmarschierten, wurde sehr bald auch die französische Gerichtsbarkeit eingeführt. Für schwere Vergehen war das Hauptkriminalgericht zuständig, das in der einstigen Domdechanei eingerichtet wurde. Sondergerichte unterstützten das Hauptkriminalgericht. Ein französisches Sondergericht war im Augustinerhof in der Augustinerstraße untergebracht. Ab 1801 wurde in den linksrheinischen französischen Gebieten das französische Zivilrecht, der Code civil eingeführt, 1810 folgte der Code pénal, das Strafgesetzbuch.

Die wichtigste Neuerung unter der französischen Herrschaft war die „Gleichbehandlung von Straftätern" vor Gericht. Jeder Bürger sollte von nun an vor dem Gesetz gleich sein und für jeden Straftatbestand gab es die gleiche Strafe. Zuvor konnten sich einflussreiche Bürger durchaus mit viel Geld der Gerichtsbarkeit entziehen. Wollte ein einfacher Mann gegen einen hohen Herrn klagen, wurde diese Klage oft erst gar nicht bei Gericht angenommen. Wurde ein einflussreicher Bürger dennoch verurteilt, konnte er oft auf Vergünstigungen und Besserbehandlung hoffen.

Eine weit weniger rühmliche Rolle spielten die neu errichteten Sondergerichte, die die vorgetragenen Fälle meist schnell abhandelten und Zeugenaussagen manchmal kaum Beachtung schenkten. Zudem hatten die Geschworenen, die an der Urteilsfindung maßgeblich beteiligt waren, die Fälle ebenfalls nicht immer sorgfältig geprüft. Von daher stellt sich heute die Frage, ob dies nicht zu einigen Fehlurteilen geführt haben kann. Solche Zweifel bestehen zum Beispiel im Fall von Wilhelm Nolden und Hubert Busch aus Korschenbroich. Sie wurden angeklagt, einen älteren Mann und dessen Frau schwer misshandelt zu haben. Während der Mann in den beiden Beschuldigten die Diebe allerdings nicht wiederzuerkennen vermochte, war sich seine Frau sicher, dass es die Diebe waren. Noch vor ihrer Hinrichtung im Juni 1802 beteuerten beide inständig, dass sie unschuldig seien. Doch alles Jammern, Klagen und Schreien half ihnen nicht: Sie endeten unter der Köpfmaschine.

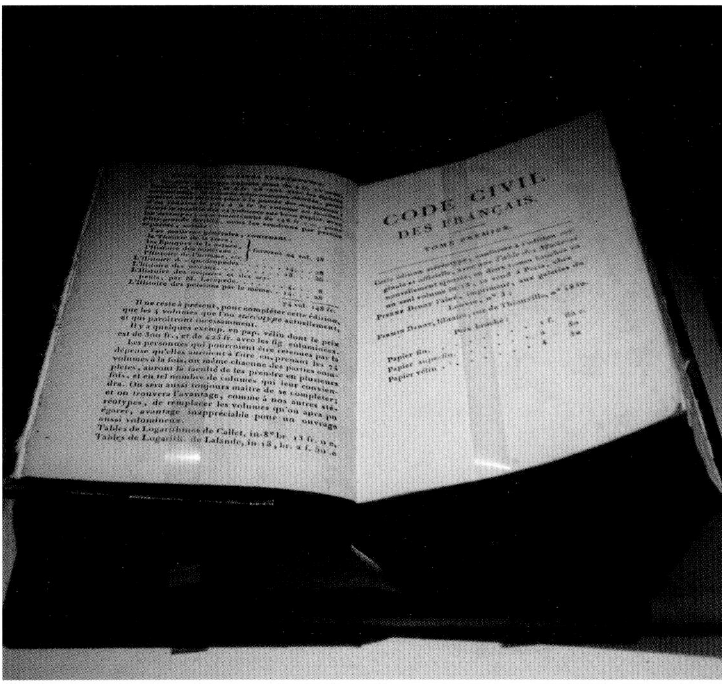

Ab 1801 galt in Köln das französische bürgerliche Gesetzbuch Code civil ▲

12

DIE ENTFÜHRUNG DES BÄCKERS PHILIPP ECKS

• Komödienstraße/Sankt Andreas

Eine aufsehenerregende Entführung Ende des 16. Jahrhunderts trug sich nur einige Meter vom Dom entfernt zu. In unmittelbarer Nähe der romanischen Kirche St. Andreas, die im Mittelalter Stiftskirche für hochadlige Herren war, stand die Pfarrkirche St. Paul. Im Oktober 1588 wurde der Bäcker Philipp Ecks bei St. Paul in einen Hinterhalt gelockt. Die Täter verstauten Ecks in einen sieben Fuß hohen Weidenkorb, indem sie ihn fesselten und knebelten. Den Korb verfrachteten sie in einen Keller in der Nähe des Klosters St. Herrenleichnam. Als Lösegeld forderten sie von der Bäckersfrau in einem Brief 2.000 Kronen. Dies entspräche heute wohl 55.000 Euro. Immerhin gelang es der Obrigkeit, den Entführten nach vier Tagen zu finden. Die Entführer wurden zu den schlimmsten Strafen verurteilt: Sie sollten mit glühenden Zangen „behandelt" und anschließend gevierteilt werden. Da aber der Haupttäter Rutger von Impell nicht gefasst werden konnte, milderte das Gericht die Urteile gegen die Mittäter ab: Sie wurden in Weidenkörben aus der Stadt geschleift, womit auf ihre eigene Tat Bezug genommen wurde. Der Weg während des Hinausschleifens führte an den Stätten vorbei, die im Fall der Bäcker-Entführung eine Rolle gespielt hatten. Auf dem Rabenstein wurden die Täter gerädert und geköpft.

Das Rädern war eine besonders schmerzhafte und grausame Strafe ➤

DAS RÄDERN

Die Strafe erfolgte normalerweise in zwei Schritten. Zuerst zertrümmerte der Henker die Gliedmaßen des Verurteilten. Dies erfolgte oft durch eine Brechstange. Hierfür wurde unter Arme und Beine meistens ein Kantholz gelegt. Alternativ konnte der Henker aber auch ein Wagenrad mit einer eisernen Kante auf die Gliedmaßen fallen lassen. Anschließend wurde der zermarterte Körper auf ein großes Rad „geflochten", was aufgrund der gebrochenen Arme und Beinen möglich war. Wenn der Delinquent Glück hatte oder er den Henker gut bezahlt hatte, erdrosselte ihn der Henker, bevor er zu Werke schritt. Nachdem der Körper aufs Rad geflochten wurde, hat man den Delinquenten „decolltiert", also enthauptet. War er verstorben, blieb der Leichnam auf dem Rad liegen. So war der Verurteilte den Vögeln, vornehmlich den Raben zum Fraß ausgesetzt. Deswegen hatte in Köln die Hinrichtungsstätte auch den Namen „Rabenstein". Sie war damals weit außerhalb der Stadt, dort wo heute der Friedhof Melaten liegt. Da der Leichnam nicht ordentlich begraben wurde, gingen die Menschen früher davon aus, dass eine Auferstehung kaum möglich sei.

13

DIE HEXEN-VERFOLGUNG

• An den Dominikanern

An der romanischen Kirche St. Andreas vorbei in Richtung Norden kommt man bald in die Straße An den Dominikanern, in der bis zum 19. Jahrhundert das Dominikanerkloster Heilig Kreuz stand.

Es war ein Dominikanermönch aus dem Elsaß, Heinrich Krämer, der sich später Henricus Istitutoris nannte, der im 15./16. Jahrhundert maßgeblich an der Hexenverfolgung beteiligt war. Er verfasste den Text zur sogenannten „Hexenbulle", die Papst Innozenz VIII. 1484 verabschiedete. Dieses päpstliche Dokument bildete die rechtliche Grundlage, gegen Zauberer und Hexen gerichtlich vorzugehen. Für die gerichtliche Untersuchung wurde der Inquisitor Heinrich Institoris bestellt. Die Hexenbulle bevollmächtigte den Inquisitor zur Untersuchung der Vorwürfe, ebenso zur Bestrafung, allerdings ist keine Rede von einer Hexenverbrennung. Diese verfolgte Heinrich Istitutoris aus eigenem Antrieb. Zur Rechtfertigung seines Handels verfasste er 1486 den Hexenhammer (lat. *Malleus Maleficarum*), der eine Anleitung war, maleficae, also Hexen, zu finden. Um seinem Werk größeres Gewicht zu verleihen, fügte er ihm die Hexenbulle bei. Ebenso versuchte Heinrich Institutoris durch die Nennung anderer Autoritäten, seinem Werk Bedeutung zu verleihen. Daher nannte er den Kölner Dominikaner-Prior Jacobus Sprenger als Co-Autor. Der soll sich aber dagegen ausgesprochen haben. Durch den aufkommenden Buchdruck wurde das Buch für damalige Verhältnisse sehr oft wieder aufgelegt, in den nächsten zweihundert Jahren 29 Mal.

C
D
I

DER HEXENHAMMER

Der Hexenhammer ist in drei Teile untergliedert. Im ersten Teil legte Istitutoris fest, was unter Hexen oder Zauberern zu verstehen sei. Er ging davon aus, dass Frauen für „Schwarze Magie“ anfälliger seien als Männer. Die Frau, geschaffen aus Adams Rippe, war in seinen Augen geringwertiger und er sah in ihr „einen Feind der Freundschaft, eine unausweichliche Strafe, ein notwendiges Übel, eine natürliche Versuchung, eine begehrenswerte Katastrophe, eine häusliche Gefahr, ein Übel der Natur“. Defizite im Glauben der Frau sah Heinrich Istitutoris, weil er das lateinische Wort „femina“ (Frau) aus den Worten „fides“ (Glauben) und „minus“ (weniger) herleitete. Damit bedeutete das Wort für ihn „weniger im Glauben“, also „glaubensschwach“. Außerdem unterstellte er Frauen eine unstillbare Gier nach Geschlechtsverkehr. Daher ging er davon aus, dass Frauen Sexualverkehr mit Dämonen und mit dem Teufel selbst hätten. Männer konnten von Frauen verzaubert werden.

Entsprechend befasste sich Istitutoris im zweiten Teil seines „Hexenhammers“ mit dem Sexualverkehr zwischen Frauen und dem Teufel und mit männlicher Impotenz, hervorgerufen durch Zauber von Frauen. Dazu gab er eine Anleitung, wie man sich gegen Schadenszauber (lat. maleficium) schützen konnte. Den dritten Teil widmete er den Regeln der Hexenprozesse.

◀ Der Hexenwahn gehörte zum Weltbild des Mittelalters auch in Köln und hat neben mancher Frau auch manchem Mann das Leben gekostet

Die erste Welle der bald um 1500 einsetzenden Hexenprozesse zog an Köln vorüber. Das hatte unter anderem damit zu tun, dass in Köln alle Rechtsvergehen erst einmal beim Rat vorgetragen werden mussten. Befand der Rat, dass wirklich eine Straftat vorlag, musste er entscheiden, ob er selbst zuständig war oder die „Blutsgerichtsbarkeit", sprich das „Hohe Weltliche Gericht" am Dom. Da man davon ausging, dass Schadenszauber durch einen „bösen Blick" ausgelöst wurde, wies der Rat vorgebrachte Fälle des Schadenszaubers, hervorgerufen durch den „bösen Blick", ab, weil sich der „böse Blick" nicht nachweisen ließ.

Um 1600 setzte in Deutschland eine zweite Welle der Hexenverfolgung ein, die diesmal auch in Köln griff, teils weil aus verschiedenen Richtungen Druck ausgeübt wurde, denn es war verdächtig, dass die größte Stadt in Deutschland keine „Hexen" aufzuweisen hatte. So setzen auch in der Domstadt die ersten Hexenprozesse ein.

Der letzte Hexenprozess begann 1653 und dauerte zwei Jahre. Die zehnjährige Entgen Lenartz wurde der Hexerei beschuldigt und gestand diese in mehreren Verhören auch ein. Außerdem sagte sie, sie habe an einem Hexensabbat teilgenommen und sei durch die Luft geflogen. Da sie mit zehn Jahren nicht strafmündig war, saß sie bis zu ihrem zwölften Geburtstag im Gefängnis und wurde 1655 als Hexe verbrannt. Dieser Prozess hatte in Köln zu so vielen Diskussionen geführt, dass danach Schluss sein sollte mit Hexenverbrennungen.

JESUITENPATER FRIEDRICH SPEE VON LANGENFELD

• Marzellenstraße 32

Geht man in die Marzellenstraße zum früheren Jesuitenkloster, dem heutigen Sitz des Generalvikariats, findet man dort eine Erinnerungstafel an den Jesuitenpater Friedrich Spee von Langenfeld (1591–1635). Nach Abschluss seines Philosophiestudiums in Würzburg und seines Theologiestudiums in Mainz lehrte er ab 1627 auch am Jesuitenkolleg in Köln. Da er viel durch die deutschen Lande reiste und in Köln, Mainz, Paderborn, Speyer, Trier und Würzburg lehrte, wird er vermutlich an einigen Hexenprozessen teilgenommen haben. Die Praxis dieser Prozesse, insbesondere die Folter zur Wahrheitsfindung schien ihm wohl unangemessen. Im Jahr 1631 veröffentlichte er anonym das Buch „Cautio criminalis", in dem er sich explizit gegen die Folter zur Wahrheitsfindung aussprach. Er ging davon aus, dass die unter Folter erzwungenen „Geständnisse" nicht der Wahrheitsfindung dienten. Als zwei Jahre nach dem Erscheinen seines anonymen Werkes seine Autorenschaft herauskam, wurde er aller Ämter enthoben und nach Trier strafversetzt. Dort musste er pestkranke Menschen pflegen, infizierte sich und starb 1635 im Alter von 44 Jahren.

15

MORD IM HILTON

• Marzellenstraße 13–17

Gegenüber des früheren Jesuitenkollegs, dem heutigen Generalvikariat, liegt das luxuriöse Hotel Hilton. Hier wurde im August 2005 der deutsche Star-Fotograf Nikolaus Geyer ermordet aufgefunden. Geyer fotografierte für Magazine wie Geo und Die Zeit. Der Fall stellte die Kriminalpolizei zunächst vor ein Rätsel. Sie fand schließlich heraus, dass am Abend des 20. Augusts ein gewisser Lars Rodenstock im Hotel eingecheckt hatte, der kurz darauf Besuch bekam, darunter auch vom 37-jährigen Starfotografen Nikolaus Geyer. Am nächsten Tag fand das Zimmermädchen Geyer tot in der Suite von Lars Rodenstock – er war erschlagen worden. Trotz Videoaufzeichnungen konnten der vermeintliche Lars Rodenstock und sein anonymer Gast nicht identifiziert werden. Erst durch weitere Indizien kam die Kripo den Tätern auf die Spur.

Geyer hatte wohl einige kompromittierende Fotos von Rodenstock und seiner Freundin, einer Schauspielerin, ins Internet gestellt. Obwohl ihm angeblich 5.000 Euro dafür gezahlt wurden, dass er die Fotos aus dem Netz nähme, tat er dies nicht. Daher beschlossen der Haupttäter und sein Komplize, Geyer eine „Abreibung“ zu verpassen. Er wurde unter dem Vorwand eines neuen Fotoauftrags in die Hotelsuite gelockt. Als er diese betrat, schlugen sie mit Baseballschlägern auf ihn ein. Zwei Jahre später standen die Täter vor Gericht. Als Motiv gaben sie Hass und Eifersucht an. Allerdings versuchten sich beide Täter herauszureden, indem sie vor Gericht angaben, sie hätten dem Opfer „nur eine Lektion erteilen wollen“.

Im renommierten Hotel Hilton wurde während des XX. Weltjugendtages 2005 ein bekannter Fotograf ermordert ➤

Cologne

DAS ANNOLOCH

16

• Am Domhof

Der Erzbischof Anno II. (um 1010–1075), der seine Ziele ebenso ehrgeizig wie skrupellos verfolgte, war alles andere als beliebt bei den Kölner Bürgern. Immer wieder gab es Auseinandersetzungen zwischen den Kölnern und ihrem Stadtherrn. Diese eskalierten 1074 endgültig, als Anno II. versuchte, nach dem Besuch des Bischofs von Münster, für diesen eine Heimfahrt auf dem Schiff zu organisieren. Da er am Hafen keines seiner Schiffe entdeckte, beschlagnahmte Anno einfach das Schiff eines Kaufmanns. Darüber waren die Kölner so erbost, dass sie sich gegen den Erzbischof erhoben. Der hatte im damaligen Dom Zuflucht gesucht, doch die aufgebrachten Kölner stürmten den Dom und brachten einen Priester, den sie für Anno hielten, um. Erzbischof Anno II. kam davon, weil er einen geheimen Fluchtweg benutzte. Dieses „Annoloch" ist noch heute in der Domtiefgarage bewundern.

Anders als der Erzbischof Anno II. wurden „Kidknapper" im Mittelalter meist zum Tode verurteilt – oft durch eine der übelsten Hinrichtungsmethoden, durch das Rädern (→ 12).

◂ Durch das später nach ihm benannte „Annoloch" flüchtete der Erzbischof Anno II.

17

DER RAUB DES KÖNIGSSOHNES

• Annoloch in der Domtiefgarage/Am Domhof

Im Mittelalter stand Tod durch Rädern auf das Delikt des Menschenraubs. Jedoch spielte es letztendlich eine Rolle, wer wen warum entführte. Als der Kölner Erzbischof Anno II. 1062 ein Kind entführte, hatte er sich vorher die Zustimmung der wichtigsten Fürsten eingeholt. Vorausgegangen war der Tod von Kaiser Heinrich III. Damals war sein sechsjähriger Sohn Heinrich IV. der Nachfolger. Die Regierungsgeschäfte übernahm stellvertretend seine Mutter Agnes. Dem Kölner Erzbischof Anno II. missfiel Agnes' Amtsführung und er war der Auffassung, der junge König verweichliche. Da der Kölner Erzbischof von Amts wegen einer der Mächtigsten im Reiche war und unter den Fürsten ein hohes Ansehen genoss, hatte er im April 1062 ein Komplott geschmiedet. Er lockte den zwölfjährigen Königssohn auf sein prachtvolles Schiff, das bei der Kaiserpfalz Kaiserswerth ankerte. Als Heinrich IV. merkte, dass das Schiff sich bewegte und er nicht mehr an Land kam, sprang er in den Rhein, obwohl er gar nicht schwimmen konnte. Die Mannen des Erzbischofs zogen ihn aus den Wellen des Rheins wieder an Bord. So wuchs Heinrich IV. unter der strengen Erziehung des Kölner Erzbischofs heran, gegen den er einen stetigen Groll hegte. Als Vierzehnjähriger erfolgte seine Schwertleite, der Ritterschlag: Zum Zeichen, dass er nun erwachsen war, wurde ihm das Schwert in die Arme gelegt. Es heißt, er hätte es am liebsten dem Erzbischof Anno in die Brust gerammt. Dadurch, dass Anno II. der Kaiserin nicht nur den Sohn, sondern auch die Reichsinsignien geraubt hatte, regierte er quasi an Kaisers Stelle.

DRAMATISCHE KINDESENTFÜHRUNGEN

Im Juli 1980 hielt ganz Deutschland den Atem an, als die beiden Töchter und der Neffe des Fernsehjournalisten Dieter Kronzucker entführt wurden. Um die Freilassung der drei Jugendlichen bemühten sich damals viele Prominente, so auch der italienische Innenminister Virginio Rognoni und Papst Johannes Paul II. Durch die Vermittlungen des Journalisten Franz Tratarotti wurden die Jugendlichen schließlich nach über zwei Monaten gegen ein Lösegeld von 4,3 Millionen DM freigelassen. Die Reihe der Kindesentführungen riss nicht ab. So versetzten auch in Köln zwei Kindesentführungen die Menschen in Angst und Schrecken.

Kindesentführung Johannes Erlemann
Im März 1981 wurde der elfjährige Johannes Erlemann in Köln-Hahnwald gekidnappt. Er befand sich gerade auf dem Heimweg, als ihn drei Männer vom Fahrrad rissen und in einen Lieferwagen zerrten. Sie versteckten den Jugendlichen etwa zwei Wochen angekettet in einem engen Bretterverschlag. Als Lösegeld forderten die Kidknapper drei Millionen DM Lösegeld. Die Mutter deponierte die geforderte Summe an vereinbarter Stelle in einer Holzbox im Wald. Zwar beobachtete die Polizei alles genau, doch war den Beamten entgangen, dass die Box über einem Kanaldeckel stand. So hatten die Entführer das Geld von unten entwenden können, ohne dass die Polizei dies bemerkte. Die Täter wurden dennoch einige Tage später festgenommen.

Kindesentführung Nina von Gallwitz

Nur neun Monate nach der Erlemann-Entführung fieberte die Nation mit den Eltern der achtjährigen Nina von Gallwitz. Sie wurde auf dem Weg zur Schule in Köln-Hahnwald am 18. Dezember 1981 unweit der Stelle, an der einige Monate zuvor Johannes Erlemann entführt worden war, gekidnappt. Die Familie entschied sich zunächst dafür, weder die Polizei noch die Öffentlichkeit über die Entführung zu informieren. Als sich einige Stunden später die Kidnapper telefonisch meldeten und ein Band mit Ninas Stimme abspielten, verständigten die Eltern schließlich doch die Polizei. Die Kidnapper ließen den Eltern schriftlich weitere Anweisungen zukommen, forderten aber selbst keine konkrete Summe als Lösegeld. Damit mussten die Eltern selbst festsetzen, wie viel ihnen das Leben ihrer Tochter wert war. Am 24. Dezember sollte Vater Hubertus von Gallwitz die Summe von 800.000 DM auf ein Funksignal hin aus einem Zug werfen. Dieses Funksignal erfolgte allerdings nicht. Wahrscheinlich hatten die Erpresser bemerkt, dass einige Polizeibeamte im Zug mitfuhren.

Für die nächste Geldübergabe, nun wurden 850.000 DM gefordert, sollte Hubertus von Gallwitz das Lösegeld auf ein Autoblinkzeichen aus einem Zwei-Mann-Hubschrauber werfen. Allerdings ging ein Vier-Mann-Hubschrauber in die Luft. Erneut scheiterte die Geldübergabe. Am 1. Januar 1981, nachdem die Entführung dreizehn Tage zurücklag, wurde die Öffentlichkeit informiert. Die Kommunikation zwischen den Entführern und der Familie erfolgte ab dato über verschlüsselte Anzeigen in Kölner Tageszeitungen. Mittlerweile lag die Ablösesumme bei 1,2 Millionen DM, doch auch die dritte Geldübergabe scheiterte. Nachdem die Familie dann kein Lebenszeichen mehr von ihrer Tochter erhielt und auch kein neues Angebot zur Lösegeldübergabe, verlangte sie von der Polizei, sich aus dem Fall herauszuhalten. Sie wandte sich an den Journalisten Franz Tratarotti, der bereits im Kronzucker-Fall erfolgreich war. Dieser versuchte gemeinsam mit dem Sicherheitsexperten eines Elektrokonzerns, Hans Fernstädt, über einen Geheimcode mit den Entführern Kontakt aufzunehmen, was nach etwa neun Wochen gelang. Die Lösegeldforderung war mittlerweile auf 1,5 Millionen DM angestiegen. In der Nacht zum 13. Mai 1982 glückte schließlich die Geldübergabe. Die Entführer hatten zugesichert, Nina innerhalb von 72 Stunden freizulassen. Schließlich, in der Nacht zum 15. Mai 1982, wurde Nina von Gallwitz an der Autobahnraststätte Ohligser Heide bei Solingen auf freien Fuß gesetzt.

Diese Kindesentführung mit Lösegeldübergabe zählt mit den 149 Tagen, die Nina von Gallwitz in Gefangenschaft war, zu den längsten in Deutschland und wurde nie aufgeklärt. Das meiste Lösegeld ist bis heute nicht aufgetaucht.

18

KÖLSCHER ANDY WARHOL

• Heinrich-Böll-Platz

Wenige Meter von der Domschatzkammer entfernt ist das Museum Ludwig. Dort befinden sich viele Werke moderner Kunst, einige auch von dem amerikanischen Pop-Art-Künstler Andy Warhol. Diesen Kunststil machte der zwielichtige Kölner Hans-Jürgen Kuhl gerne nach, veränderte ihn aber etwas, nachdem Andy Warhol ihn persönlich darum gebeten hatte. Jürgen Kuhl, der sich gerne in den Kreisen der Kölner Unterweltwelt aufhielt, hieß dort „De Duv" (die Taube). Schon als Jugendlicher liebte er das Nachtleben und das schnelle Geld. Er hatte immer wieder lukrative Geschäftsideen. Ab 1985 widmete er sich der Kunstszene und ahmte Warhol-Werke im Siebdruckverfahren nach. Als ihm ein Geschäft von „zehn Millionen Dollar-Blüten für zwei Millionen echte Dollars" angeboten wurde, machte er sich an die Arbeit. Allerdings hegte er höchste Ansprüche und entsorgte die Fehldrucke. Dafür musste er die Papierbögen schreddern, was recht mühsam war. Die Müllsäcke brachte er auf die Müllkippe nach Köln-Ossendorf. Mit der Zeit wurde das Schreddern nicht mehr so sorgfältig betrieben – die Fehldrucke wurden nur noch in große Streifen geschnitten. Mit fatalen Folgen.

Im Herbst 2006 stach ein Müllsortierer zufällig einen Plastiksack an. Als daraus die Dollarschnipsel herausquollen, allarmierte er die Polizei. Die fand in einem Sack ein Briefkuvert, adressiert an Hans-Jürgen Kuhl. Die Ermittler überwachten nun sein Telefon und observierten ihn. Die Kripo suchte die Hintermänner, da sie von einem großen Kreis Beteiligter ausging. Als sie nach acht Monaten nicht weitergekommen war – Kuhls „Auftraggeber“ hatte sich als Phantom entpuppt und Kuhl wandte sich anderen künstlerischen Werken zu – setzte das BKA zwei junge Ermittlerinnen auf den 66-jährigen Mann an. Sie umgarnten ihn und schwärmten von seiner Kunst. Eine bot ihm schließlich ein Geschäft mit Dollarblüten an. Da Kuhl mittlerweile 16,5 Millionen Dollar in Containern aufbewahrte und etwa fünf Millionen gefälschte Scheine für perfekt hielt, ging er auf das Geschäft ein. Die Geldübergabe wurde für den 23. Mai 2007 vereinbart. Doch stattdessen griff das BKA zu. Die Beamten stellten die 16,5 Millionen Dollar sicher und bescheinigten Kuhl eine hervorragende Qualität. Der Fund gilt als der zweitgrößte Falschgeld-Dollar-Fund aller Zeiten. Kuhl wurde zu sechs Jahren Gefängnis im freien Vollzug verurteilt.

Auf eine Verbüßung seiner sechsjährigen Haftstrafe im Freigang hofft auch Wolfgang Beltracchi, der mit drei Komplizen im Oktober 2011 vor den Kölner Landgericht 14 Kunstfälschungen der Klassischen Moderne gestanden hat. Mehr als 40 weitere Fälle gelten als verjährt. Es handelte sich um einen der größten deutschen Kunstfälscher-Prozesse in der Nachkriegzeit.

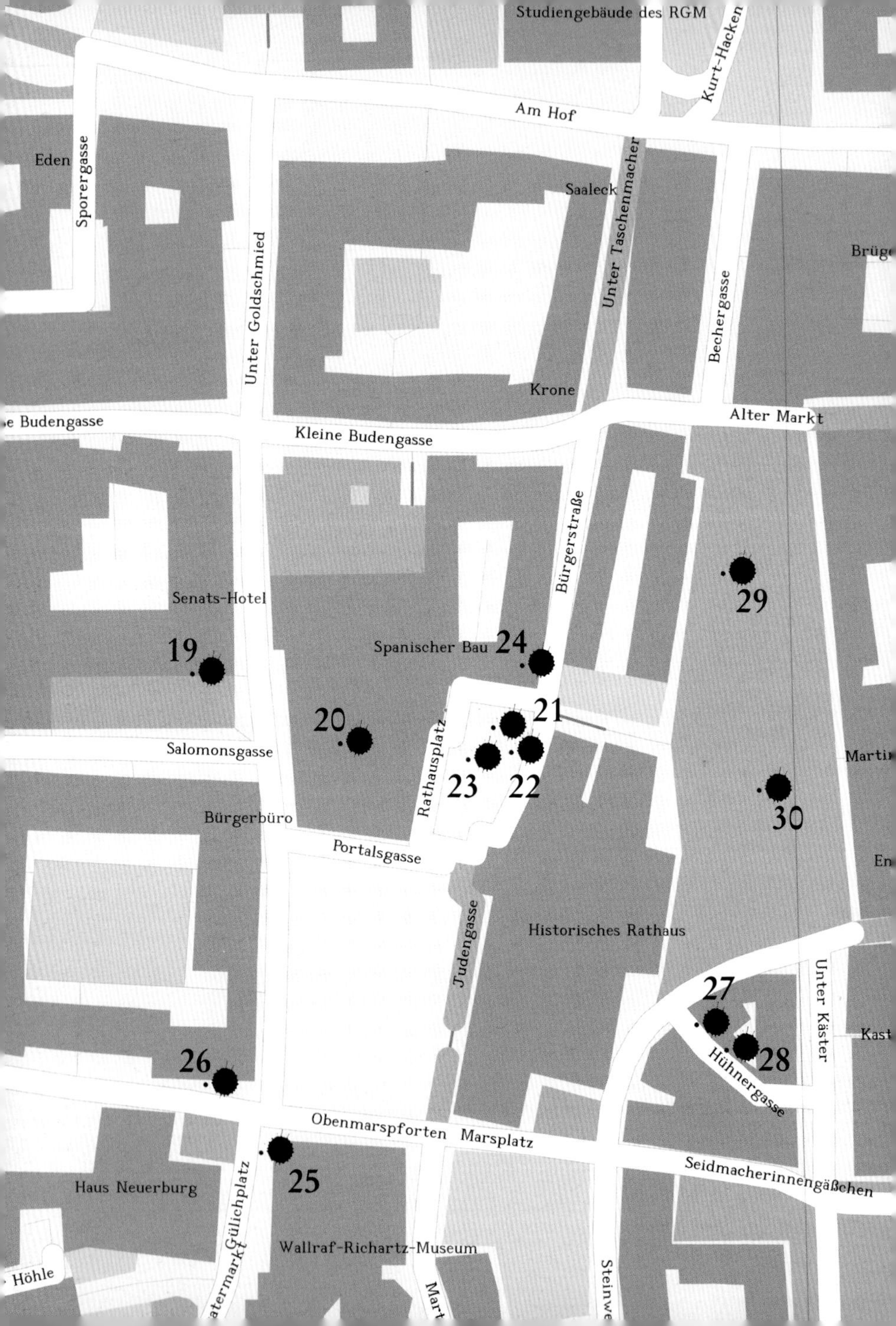

Studiengebäude des RGM
Kurt-Hacken
Am Hof
Eden
Sporergasse
Saaleck
Unter Taschenmacher
Brüg
Unter Goldschmied
Bechergasse
Krone
Budengasse
Alter Markt
Kleine Budengasse
Bürgerstraße
29
Senats-Hotel
Spanischer Bau
24
19
21
20
Rathausplatz
Salomonsgasse
Marti
23
22
30
Bürgerbüro
Portalsgasse
En
Judengasse
Historisches Rathaus
Unter Käster
27
Kast
28
Hühnergasse
26
Obenmarspforten
Marsplatz
Seidmacherinnengäßchen
25
Haus Neuerburg
Gülichplatz
Wallraf-Richartz-Museum
Höhle
atermarkt
Mart
Steinwe

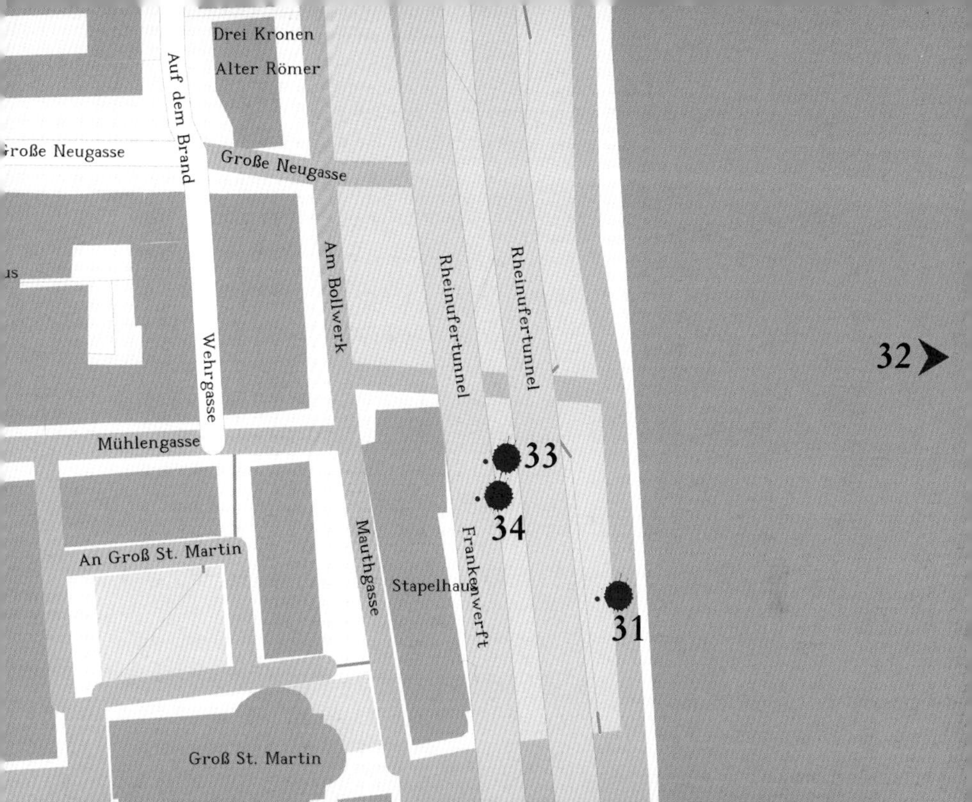

VOM DOM ZUR ALTSTADT

Wer einen Streifzug durch die Kölner Altstadt macht, kann ungefähr erahnen, wie es hier wohl im Mittelalter zugegangen sein mag. Schmale kopfsteingepflasterte Gassen, kleine Wirtshäuser und die alten Häuser sind Zeugen aus jener Zeit. Nur wenig erinnert aber daran, dass einst hier auch der Henker wohnte und auf dem Heumarkt Hinrichtungen mit viel Pomp stattfanden.

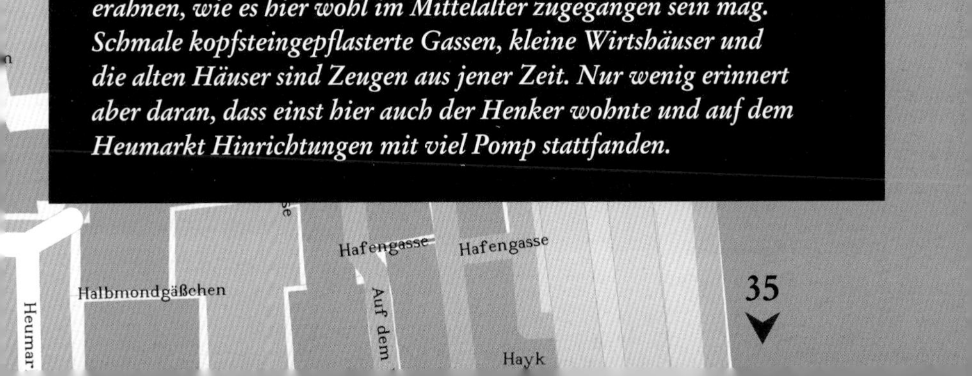

19

MER JON FRINGSE

• Laurenzgitterplätzchen

Geht man die Straße Unter Goldschmied entlang, so gelangt man gegenüber dem Spanischen Bau des Rathauses an das Laurenzgitterplätzchen. Hier lächelt dem Betrachter von oben verschmitzt Kardinal Josef Frings als Bronzebüste zu. Das Porträt des beliebten Kölner Erzbischofs befindet sich in der Nähe des Rathauses, weil ihm die Bürger das Denkmal errichtet haben. Immerhin ist er der einzige Erzbischof, der auch Ehrenbürger der Stadt Köln war. Weshalb ist der 1978 verstorbene Kirchenmann noch heute so bekannt?

Josef Frings wurde im Jahr 1942 mit 45 Jahren zum Erzbischof von Köln ernannt. Unter den Nationalsozialisten hatte er sich immer wieder in seinen Predigten gegen die „Braunen“ ausgesprochen. Folglich hatte man der Presse verboten, über die Weihe Frings zum Erzbischof von Köln zu berichten. Gewitzte Kölner gaben aber Kleinnotizen in der Presse auf, in denen sie private Kleinanzeigen schalteten: „Habe am vergangenen Sonntag im Hohen Dom zu Köln, als Josef Frings zum Erzbischof geweiht wurde, meine Brille verloren. Der ehrliche Finder möge sich melden.“ Dahinter folgte eine Chiffre.

Nach dem Ende des Zweiten Weltkrieges brach vielerorts eine Hungersnot aus, zudem wurden die beiden Winter 1945 und 1946 bitterkalt. Um überleben zu können, fingen die Menschen an, das eine oder andere zu stehlen. In seiner Silvesterpredigt 1946 in der Kirche St. Engelbert in Köln-Riehl – der Dom war noch nicht wieder zugänglich – sagte Frings: „Wir leben in Zeiten, da in der Not auch

Noch heute lächelt der beliebte Kardinal Frings milde auf seine „Schäfchen“ ➤

JOSEF
KARDINAL
FRINGS

der einzelne das wird nehmen dürfen, was er zur Erhaltung seines Lebens und seiner Gesundheit notwendig hat, wenn er es auf andere Weise, durch seine Arbeit oder durch Bitten, nicht erlangen kann." Da man dieses „Organisieren" irgendwie benennen wollte, nahm man Frings Nachnamen und schuf das Verb „fringse". „Mer jon fringse" (Wir gehen fringsen.) wurde dann das Stichwort für den organisierten Mundraub. Die Briten, die Köln damals verwalteten, waren über das nun einsetzende Stehlen so entsetzt, dass sie den Erzbischof beschuldigten, er hätte zum öffentlichen Stehlen aufgefordert. Frings verteidigte sich mit seinem Zitat aus der Silvesterpredigt, indem er vor allem auf seinen folgenden Satz hinwies: „Aber ich glaube, dass in vielen Fällen weit darüber hinausgegangen worden ist. Und da gibt es nur einen Weg: unverzüglich unrechtes Gut zurückgeben, sonst gibt es keine Verzeihung bei Gott."

MITTELALTERLICHE POGROME

• Unter Goldschmied

Überquert man die Straße Unter Goldschmied, so führt der Weg ein Stück am Spanischen Bau entlang. Ehe in den 1950er Jahren dieser Neubau für die städtische Verwaltung mit dem Ratssaal entstand, wurden während archäologischer Ausgrabungen Bereiche des mittelalterlichen jüdischen Viertels gefunden und darunter einige Gebäude der römischen Statthalterpaläste, die hier vom 1. bis zum 5. Jahrhundert nach Christi gestanden haben. Zurzeit graben die Archäologen weitere Bereiche des jüdischen Viertels aus.

Die Synagoge scheint zu einer der ältesten Synagogen nördlich der Alpen gehört zu haben. Juden sind bereits in zwei Dokumenten aus dem 4. Jahrhundert unter dem römischen Kaiser Konstantin des Großen für Köln belegt. Zwar gibt es aus dem frühen Mittelalter solche schriftlichen Dokumente nicht, doch kann man davon ausgehen, dass in der Handelsstadt Köln auch jüdische Händler wohnten. Wahrscheinlich haben Christen und Juden bis Ende des 11. Jahrhunderts friedlich zusammengelebt.

Als Papst Urban II. 1095 dem Hilferuf des byzantinischen Kaisers folgte und dazu aufforderte, Jerusalem und das Heilige Land von der Herrschaft der Muslime zu befreien, setzte sich 1096 der Erste Kreuzzug in Bewegung, angeführt von Gottfried von Boullion. Allerdings ging den Kreuzrittern eine Art Mob voran, der auf dem Weg nach Jerusalem die Juden auszurotten versuchte. Die Spuren dieser Massaker lassen sich überall finden, auch in Köln.

Der Rabbiner Joel Halevy, ein Zeitzeuge des Ersten Kreuzzuges von 1096, beschrieb in einem hebräischen Klagelied das Blutbad in Köln: „Die tückischen Feinde verdammten sie zu Tode, stachen sie nieder mit Schwert und Lanze; dennoch blieb ihre Seele anhänglich ihrem Gotte. Väter küssten ihre winselnden Säuglinge, sie zum Opfer weihend. Mütter verbargen das Angesicht, um nicht den Tod ihrer Kinder zu schauen, das fühlende Mutterherz bebte, und Tränen rannen von den Wangen. Die Grausamen, sie schlitzten den Schwangeren die Leiber auf und begruben sie lebendig in Felsklüften. Andere wurden gräulich gemartert, lebendig aufs Rad geflochten." Mit jedem Kreuzzug wiederholten sich solche Massaker.

STÄDTISCHE RECHTSSPRECHUNG

• Rathausplatz

An der historischen Renaissancelaube des Rathauses steht oben in der Ädikula erhaben eine Skulptur der Justitia mit erhobenem Schwert, verbundenen Augen und Waage. Diese Figur erinnert daran, dass seit dem 13. Jahrhundert alle Rechtsvergehen beim Rat gemeldet wurden und der dann darüber befand, ob und wie der Fall weiter verfolgt wurde. Ab dem 14. Jahrhundert hatte der Rat weitere Sondergerichte wie das Gewaltgericht, das Pferdegericht, das Tuchhallengericht und das Kaufhaus-Gürzenichgericht eingesetzt.

Das Gastgericht konnte von Fremden angerufen werden. Es tagte im Rathaus und ihm standen zwei Richter in jeweils zweijähriger Amtszeit vor. Ab Mitte des 16. Jahrhunderts tagte im Rathaus in der Kammer der Vierundzwanziger auch das Gewaltgericht. Ihm standen ebenfalls zwei Richter vor. Dieses Gericht verhandelte im 14. und 15. Jahrhundert ausschließlich über Delikte, die mit einer Geldstrafe gesühnt werden konnten. So hat man bei Körperverletzung eine Kölner Mark erhoben, bei Totschlag zwei Kölner Mark. Die Gelder flossen in die Freitagsrentkammer des Kölner Rathauses. Ab dem 16. Jahrhundert wurden die Geldstrafen aber zunehmend durch Körperstrafen ersetzt. Die beiden Richter waren zwei Jahre im Amt und konnten danach Rentmeister (Stadtkämmerer) werden. Aus einem Teil der Geldeinnahmen wurden die Richter entlohnt.

Bereits im 14. Jahrhundert setzte der Rat die Bürgermeister als Vorsteher für sogenannte Bürgermeistergerichte ein. Diese waren für die Lebensmittel-

kontrolle zuständig, aber auch für Bau- und Immobilienstreitigkeiten. 1371 entstand auf dem Alter Markt, unterhalb des Rathauses, ein Kaufhaus. Für Zwistigkeiten aller Art, die in diesem Kaufhaus auftraten, war im gleichen Haus ein Hallengericht zuständig. Da ab dem 15. Jahrhundert in dem Kaufhaus fast nur noch Tuche gehandelt wurden, erhielt das Gericht den Namen Tuchhallengericht. Das Gürzenichgericht befasste sich mit allen Rechtsstreitigkeiten, die aufgrund des Handels im Gürzenich passierten. Diesem Gericht standen drei Richter vor, die halbjährlich aus den Reihen des Rates gewählt wurden. Ein Drittel der eingezogenen Geldbußen standen ihnen als Teil ihres Salärs zu.

Ob es nach einer Anzeige wegen eines Verbrechens zu einer sofortigen Verhaftung kam, hing von Art des Verbrechens und dem Stand des Beschuldigten ab. Das Verhör führte der Turmmeister, entweder im städtischen Gefängnisturm am Rhein, dem Frankenturm (→ 33) oder in der Hacht (→ 6). Die Aussagen wurden über Jahrhunderte in den sogenannten Turmbüchern aufgeschrieben und verwahrt. Gab es kein Geständnis und konnte sich das Gericht nur auf Indizien stützen, war die „peinliche Befragung", die Folter zulässig. Die Aussagen in den Turmbüchern wurden dem Syndikus vorgelegt, der dann entschied, welches Gericht den Fall weiterverfolgte oder ob das Verfahren eingestellt wurde. Wenn ein Kapitalverbrechen vorlag, wurde der Fall in der Regel an das Hohe Weltliche Gericht (→ 7) am Dom verwiesen.

◄ Die Justitia symbolisiert, dass die erste Instanz der Kölner Gerichtsbarkeit beim Rat der Stadt lag

22 DER FALL DER KATHARINA HENOT

• Rathausplatz

An der Westseite des Ratsturms steht im dritten Geschoss die Skulptur der Katharina Henot. Die rechte Hand hält sie zum Schwur erhoben, unten züngeln an ihrem Kleid die Flammen. Sie war die erste Patrizierin, die 1627 als Hexe verbrannt wurde. Im 16. Jahrhundert gibt es wenige Hinweise auf Hexerei oder Zauberei, die vor Gericht verhandelt wurden. Im Jahr 1507 gesteht eine Frau namens Tringin von Breisig, sie habe Zauberei betrieben, auf einem Hexensabbat getanzt und ein Gewitter heraufbeschworen. Wahrscheinlich wurde Tringin der Stadt verwiesen. Ab 1590 häuften sich aber die Fälle der Beschuldigungen, „Schwarze Magie" betrieben zu haben. Den Höhepunkt erreicht die Hexenverfolgung in Köln in den Jahren von 1626 bis 1630. In den Jahren 1612 bis 1650 war Ferdinand von Bayern Kölner Erzbischof und Kurfürst. Als eine seiner wichtigsten Aufgaben sah er wohl die Ausrottung von Hexen an. Bereits 1607 hatte er eine Hexenprozessordnung verfasst, die er 1628 überarbeitete. Es war nun leichter, bei Verhören Folter einzusetzen.

1626 geriet Katharina Henot ins Visier der Hohen Gerichtsbarkeit. Ihr Vater Jakob Henot hatte die Kaiserliche Postmeisterei unter der Hoheit der Familie von Taxis inne. Die verfügte über ein weiträumiges Post- und Nachrichtenwesen. Jakob Henot geriet mit der Familie von Taxis immer wieder in Rechtsstreitereien, sodass ihm schließlich für zwanzig Jahre die Postmeisterei aberkannt wurde, nachdem Kaiser Ferdinand II. ihn erst 1623 in sein Amt eingesetzt hatte. Doch die Rechtsstreitigkeiten hielten an. Als Ja-

Katharina Henot und Friedrich Spee von Langenfeld gehören als verdiente Bürger Kölns zu den Ratsfiguren ➤

FRIEDRICH
SPEE v.
LANGENFELD
KATHARINA
HENOT

kob Henot im November 1626 im Alter von 94 Jahren verstarb, hatte Katharina keine Chance, die Postmeisterei, die ihr noch nicht überschrieben war, zu erhalten. Deshalb verheimlichte die Familie seinen Tod. Als dieses einige Monate später herauskam, griffen unterschiedliche Vorwürfe gegen Katharina sehr schnell und sie wurde im Januar 1627 mit Gewalt in den Frankenturm gebracht und dort verhört. Viele Hilfe-Ersuchen von unterschiedlichen Seiten, auch seitens ihres Bruders Hartger, der Mitglied im Hohen Domkapitel war, halfen nicht. Die Anzahl der Beschuldigungen, die Katharina schließlich vorgelegt wurden, war lang. Unter anderem ging es um vielfältigen Schadenszauber, in fünf Fällen mit Todesfolge. Trotz wiederholter Folter beteuerte Katharina ihre Unschuld. Den Abschiedsbrief schrieb sie mit der linken Hand, weil die rechte von der Folter gelähmt war. Ein Zugeständnis an die Familie war, dass der Henker Katharina nicht bei lebendigem Leibe verbrannte, sondern vorher erdrosselte. Hartger Henot legte nach dem Tod der Schwester alle kirchlichen Ämter nieder und versuchte die Prozessakte seiner Schwester zu veröffentlichen. Dies gelang ihm nur teilweise. Katharina Henot war die einzige Patrizierin, die wegen Hexerei zum Tode verurteilt wurde. Entsprechend groß war das Aufsehen bei diesem Prozess und der Schock der Bürger. Vielen wurde nun klar, dass es jeden treffen konnte.

Neben der Skulptur der Katharina Henot steht der Jesuitenpater Friedrich Spee von Langenfeld (1591–1635), der dem Prozess der Katharina Henot beiwohnte und später anonym die „Cautio Criminalis“ (1631) verfasste (→ 14).

DER FALL DER KATHARINA PLUM

23

• Rathausplatz

Nach dem Prozess gegen Katharina Henot kam die Welle der Hexenprozesse erst richtig ins Rollen – es folgten über 30 Prozesse, 20 endeten mit einem Todesurteil. Als zwei Jahre nach dem Henot-Prozess Katharina Plum wegen Hexerei angeklagt wurde, bezichtigte sie Hartger Henot, seine Schwester Franziska und eine andere Verwandte, Anna Maria Henot, der Hexerei. Vor allem aber beschuldigte sie einige hochstehende Herren – wie den Dechanten von St. Andreas und Probst von St. Severin sowie einen Juristen, der ihrem Verhör beiwohnte, den Syndikus des Kölner Rates Dr. Wissius –, auf einem Hexensabbat gewesen zu sein. Das Hohe Weltliche Gericht sprach Katharina Plum unter der Bedingung frei, sie solle keine weiteren Namen mehr nennen. Als sich die Plum daran nicht hielt, kam sie schließlich abermals vor das Hohe Gericht und wurde alsbald zum Tode verurteilt. Mit ihr hat man wohl einen Teil der Akten verbrannt. Was Katharina Plum bewogen hat, sich selbst immer wieder zu bezichtigen, sie sei von Hexen bedroht und weshalb sie angab, hoch angesehene Mitglieder der Kölner Gesellschaft seien auf einem Hexensabbat gewesen, ist bis heute unklar.

24

DAS BORMSHÄUSCHEN

• Rathausplatz

In der Nähe des Rathauses stand bis 1798 das „Bormshäuschen“, eins der etwa 30 Kölner Gefängnisse oder Arresthäuser. Hier saß kurze Zeit der Räuberhauptmann Mathias Weber, genannt „der Fetzer“, ein (→ 10). Er war sehr gewitzt und entkam meistens sehr schnell aus den recht unsicheren Gefängnissen. Im Bormshäuschen war es ihm gelungen, einen Gitterstab aus seiner Gefängnistür durchzusägen. Um den Wärter wegzulocken, bat er ihn um frisches Wasser, das damals noch am Pumpbrunnen geholt werden musste. Zwar begegnete der Fetzer dem Wärter auf seiner Flucht vor dem Rathaus. Doch geistesgegenwärtig, wie er war, grüßte er ihn freundlich und der Wärter erkannte ihn nicht. Dann nahm der Fetzer seine Beine in die Hand und verschwand.

REVOLUTIONÄR ODER RÄDELSFÜHRER?

25

• Gülichplatz

Unweit des Rathauses liegt der Gülichplatz. Benannt ist er nach dem Kaufmann Nikolaus Gülich (1644–1686), dessen Haus hier stand. Mit Blick auf das Rathaus war er nicht begeistert von den Dingen, die sich im Rat abspielten. 1680 warf er ihm Ämterkauf und Wahlbetrug vor, sowie die Vergeudung öffentlicher Gelder. Immerhin gewann er mit seinen Vorwürfen so viel Einfluss, dass einige Ratsmitglieder ihre Ämter niederlegen mussten. Der städtische Syndikus (Rechtsberater) Gereon Hesselmann wurde wegen Hochverrats zum Tode verurteilt. Nikolaus Gülich wurde zum Syndikus bestellt, obwohl er kein Jurist war. Doch bald regten sich erste Widerstände gegen den neuen Rat und es wurden gegen Gülich ähnliche Vorwürfe erhoben, wie er sie selbst erhoben hatte. Seine Gegner wandten sich an den obersten Stadtherren, den Kaiser. Den Aufforderungen des Kaisers Leopold I. folgte Gülich nicht und so wurde er 1685 festgenommen. Nun bezichtigte ihn der Kaiser als Rädelsführer und Aufwiegler. Wenig später, im Jahr 1686, wurde er zum Tode verurteilt. Da der Rat Tumulte befürchtete, wurde Nikolaus Gülich weit außerhalb der Stadt auf der Mülheimer Heide enthauptet. Das Haupt wurde in Erz gegossen und auf dem Platz, an dem einst sein Haus gestanden hatte, aufgestellt. Das Gericht hatte verfügt, dass sein Haus abgerissen werden müsse und dass die freie Fläche nie wieder bebaut werden dürfe. Daher befindet sich hier bis zum heutigen Tag der Gülichplatz. An der Westseite des Rathausturms steht die Figur des Nikolaus Gülich. So kann er von dort zu dem nach ihm benannten Platz blicken.

26

DER ERSTE DEUTSCHE WIRTSCHAFTSPROZESS

• Obenmarspforten 21

Der Zusatz „Am Gülichplatz“ wurde zu einem wichtigen Adresszusatz der Firma Farina, deren Gründer Johann Battista Farina 1709 in der Nähe dieses Platzes ein „Kommissions- und Speditionsgeschäft“ gründete. Hier verkaufte man „französisch Kram“ – Luxusprodukte des Rokoko wie Gold-, Silber- und Seidenwaren und auch Duftwässer. Der Handel mit solchen Waren zählte zum zunftfreien Gewerbe, deshalb musste Farina, als er das Kölner Bürgerrecht kaufte und Mitglied einer Gaffel wurde, nicht Mitglied einer Zunft werden. Somit war die Familie Farina auch nicht an die Zunftregeln gebunden, die Produktion und Handel stark einschränkten und konnte Kunden weit außerhalb von Köln beliefern, so an den fürstlichen Höfen, wo eine große Nachfrage nach Luxuswaren herrschte. Der jüngere Bruder des Firmengründers war Parfümeur. Er trat der Firma bei, erhielt das Kölner Bürgerrecht und nannte sich ab da Johann Maria Farina. 1723 verlegten die Brüder Farina ihren Firmensitz an den heutigen Ort gegenüber dem Gülichplatz (Jülichs-Platz). Bis heute ist das Haus Farina bekannt für den von Johann Maria Farina entwickelten Duft, den er mit dem des „italienischen Frühlingsmorgens“ verglich. Für die Herstellung des immer noch berühmten „Kölnisch Wassers“ verwendete er nur teuerste Rohstoffe aus den Ursprungsregionen und entwickelte neue aufwendige Verfahren, damit sein Produkt immer die gleiche Qualität aufwies. Die Eau de Cologne von Farina wurde schnell ein begehrter Luxusartikel, den sich allerdings nur der Adel, Könige und Kaiser leisten konnten. Wer im

Hier entwickelte Johann Maria Farina den weltberühmten Duft von „4711 Echt Kölnisch Wasser“ ➤

JOHANN MARIA
FARINA
GEGENÜBER
DEM
JÜLICHS-PLATZ
GEGRÜNDET
1709

18. Jahrhundert „Eau de Cologne“ sagte, meinte das Produkt von Farina.

Da sich auch andere nach ihm sehnten und manch ein Duftwasser-Hersteller ein gutes Geschäft witterte, tauchten nach der Französischen Revolution, lange nach dem Tod von Johann Maria Farina, andere Produkte auf dem Markt auf, die auch als Eau de Cologne oder Kölnisch Wasser bezeichnet wurden. Obwohl sich die neuen Produkte völlig anders zusammensetzten als das Original, durften sie sich alle so nennen.

Weil *farina* im Italienischen Mehl bedeutet, gibt es in Italien so viele Farinas wie bei uns Mehl. Auch Wilhelm Mülhens wollte diesen Namen haben und erwarb ihn 1803 von einem Franz Carl Farina, der aber nicht mit der Familie des Johann Maria Farina verwandt war, und verkaufte Namen und Firma an mehr als 20 Personen weiter.

Die Anzahl der Kölnisch-Wasser-Hersteller stieg sprungartig an. In einem Gerichtsprozess 1833 wurde dieser Namenskauf für nichtig erklärt und auch die weiterverkauften Firmen verloren ihre Rechtsgrundlage. Doch neue Plagiatsfirmen entstanden – durch den Gebrauch von Strohmännern aus Italien – mit dem Namen Farina. Außerdem Namen wurden Adressen mit dem Zusatz „gegenüber“ beliebt: Johann Maria Farina gegenüber dem Alter Markt Nummer 4 oder Nummer 11 oder Johann Maria Farina gegenüber dem Appelhofplatz.

Einhalt wurde diesem Vorgehen erst 1875 durch den Nachfahren des Begründers Johann Maria Farina geboten. Er hatte wesentlich am preußischen Gesetz zum Markenschutz mitgewirkt, das 1874 in Kraft trat. Das erste Label, dem dieser Markenschutz zugeteilt wurde, war das von Johann Maria Farina gegenüber dem Gülichplatz. Fortan durfte das Etikett mit dem barock geschwungenen Namenszug nicht mehr kopiert werden. Da dies jedoch immer wieder passierte, musste die Familie Farina viele Gerichtsprozesse führen, die sie aber alle gewann.

DAS HAUS DES HENKERS

27

• Hühnergasse

Wenn man vom Gülichplatz die Straße Oben Marspforten hinuntergeht und am Marsplatz abbiegt, kommt man bald in die Hühnergasse. Hier befand sich im Mittelalter der Hühnermarkt – und das Haus des Henkers. Zumindest bis zum 14. Jahrhundert. Durch die unmittelbare Nähe der beiden Marktplätze Alter Markt und Heumarkt war dies eine renommierte Adresse. Der Beruf des Henkers bildete sich im 13. Jahrhundert heraus. Die Hinrichtung sollte in professionelle Hände gegeben werden. Racheakte und Fehden sollten damit unterbunden werden und der Staat wollte den Strafvollzug besser kontrollieren. Zuvor konnte ein Todesurteil vom Kläger oder von einer beauftragten Person vollstreckt werden.

Der Henker war gefürchtet und insofern eine Respektsperson. In Köln hatte er zunächst auch ein mietfreies Haus in einer guten Gegend. Das Bild des Henkers änderte sich aber mit der Zeit. Spätestens seit dem 16. Jahrhundert zählte er wie der Totengräber und der Abdecker zu den sogenannten „Unberührbaren", deren Gemeinschaft gemieden wurde. Die Ursache, warum der Henkerberuf als „unehrenhaft" angesehen wurde und der Henker damit stigmatisiert war, konnte bisher nicht wirklich geklärt werden. Die Verlegung seines mietfreien Hauses von der Hühnergasse in das Altengrabengässchen belegt aber den Ansehensverlust (→ 52). Der Henker wurde meistens mit Notnamen angesprochen: Meister Fix, Meister Hans oder Meister Stoffel. Wenn er zur Arbeit schritt, verhüllte er sein Gesicht mit einer Kapuze, damit ihn der böse Blick der Delinquenten nicht traf.

28

RUFMORD: DER FALL KIESSLING

• Hühnergasse

In der Hühnergasse gibt es seit vielen Jahren einige Lokale, in denen sich Homosexuelle treffen. Ein bekanntes war 1983 das Café TomTom. Im Herbst 1983 befragten Mitarbeiter der Kölner Kriminalpolizei Gäste in bekannten Lokalen der Homosexuellen-Szene wie das TomTom und Café Wüsten. Die Beamten kamen einer Aufforderung des Amtes für Sicherheit der Bundeswehr nach. Dort waren Hinweise eingegangen, der Vier-Sterne-General und Nato-Oberbefehlshaber Günter Kießling (1925–2009) verkehre in der Homosexuellen-Szene.

▲ Belastungsmaterial zum Rufmord an General Kießling sammelte man auch in der Hühnergasse

Da dies als höchstes Sicherheitsrisiko angesehen wurde und weil man auch unterstellte, er sei deswegen erpressbar, ging das Bundes-Verteidigungsministerium den Vorwürfen nach. Auf Fotos, die in der Szene gezeigt wurden, meinten einige, General Kießling wiederzuerkennen. Aufgrund der angeblichen Beweise veranlasste der damalige Bundesverteidigungsminister Manfred Wörner, Kießling als Sicherheitsrisiko einzustufen und vorzeitig zu entlassen. Am 23. Dezember 1983 erhielt Kießling seine Entlassungsurkunde, obwohl er selbst sein Ehrenwort gegeben hatte, dass er mit den Vorwürfen nichts zu tun habe. Im Januar 1984 bat Kießling den Journalisten Claus Jacobi um Hilfe, damit seine Unschuld bewiesen werden könne. Im Zuge der folgenden Veröffentlichungen stellte sich heraus, dass die Beweislage gegen Kießling äußerst dürftig war und auf sehr wackeligen Beinen stand. Zum 1. Februar 1984 wurde Kießling wieder in den aktiven Dienst aufgenommen, aber unverzüglich zum 26. März 1984 in den vorzeitigen Ruhestand versetzt. Diesmal schied er ehrenhaft mit dem Großen Zapfenstreich aus dem Dienst. Kießling sagte später: „Ich bin nicht hasserfüllt, aber nach wie vor tief enttäuscht, weil die politisch Verantwortlichen damals unter Missachtung rechtsstaatlicher Grundsätze gehandelt haben."

29

PRANGER AM ALTER MARKT

• Alter Markt

Unweit der Hühnergasse liegt der Alter Markt. Hier herrschte viele Jahrhunderte reger Handel. Hatte sich aber ein Händler falsch verhalten und seinen Kunden minderwertige Waren verkauft, wurde er an den „Kax“, eine Art Pranger, gestellt oder im „Drillhäuschen“ zur Schau gestellt. So berichtet Franz Irsigler von einer Dienstmagd namens Griet van Frechen, die einige uneheliche Kinder mit verschiedenen Männern hatte und sich in ihrer Not zum Mehldiebstahl hatte hinreißen lassen. Obwohl ihr Partner, der Pferdeknecht Peter van Dormagen, für sie ein gutes Wort vor Gericht einlegte und sogar geltend machte, dass er sie heiraten möchte, wurde sie im April 1613 am Alter Markt in den Kax gesetzt und anschließend der Stadt verwiesen. Zwar ist aus den Akten nicht zu erfahren, ob der Pferdeknecht Peter sie danach noch geheiratet hat. Doch ist dies sehr unwahrscheinlich, weil die Strafe zu entehrend war.

Auf dem Alter Markt konnte der Henker öffentliche Körperstrafen wie Handabschneiden für Diebe oder Brandmarkungen vollziehen. Wurde einer gebrandmarkt, stanzte man dem Delinquenten ein glühendes Eisen mit dem Kölner Wappen in den Arm. In der Regel folgte dann der Verweis aus der Stadt.

Noch heute zählt der Karfreitag zu den stillen Feiertagen und jegliche Form von lustiger Unterhaltung wie Konzerte oder Tanz sind untersagt. Verstöße werden vom Ordnungsamt geahndet. So war es selbstverständlich auch früher. Im Jahr 1599 wurde Hans Koell aus Goslar mit einigen Tagen Haft bestraft, weil er in einer Weinstube am Alter Markt am Karfreitag Geige spielte.

Auf dem Alter Markt, früher der Hauptplatz von Köln, stand auch der Pranger ➤

Gaffel Kolsch
Gaffel

SPIEGELNDE STRAFEN

Im Mittelalter wurden Vergehen sehr häufig mit „spiegelnden Strafen“ geahndet, das heißt, die Strafe spiegelte das Verbrechen wieder. So wurde dem Dieb die Hand abgeschlagen, dem Gotteslästerer die Zunge herausgerissen und einem Spitzel das Ohr abgeschnitten. Damit war sein Tun erst einmal unterbunden und für jeden deutlich gekennzeichnet. Bei manchen Gesellen, die gegen die Statuten ihrer Zunft verstoßen hatten, wurde der Zunftring, herausgerissen. So waren sie für jedermann als „Schlitzohr“ erkennbar.

▲ Die grausamen Strafen im Mittelalter fanden auch in der zeitgenössischen Kunst ihren Niederschlag

30

HINRICHTUNGEN AUF DEM HEUMARKT

• Heumarkt

Besondere Hinrichtungen von hochstehenden Persönlichkeiten wie Patriziern, Ratsherren oder Bürgermeistern fanden auf dem größeren Kölner Marktplatz, dem Heumarkt, statt. So hatten auch die vielen Schaulustigen, die zu solchen Spektakeln kamen, genügend Platz. Damit alle etwas sehen konnten, wurde für die Hinrichtung ein Podest errichtet. Hier sollte der Henker dem Verurteilten möglichst mit einem einzigen gezielten Hieb das Haupt abschlagen. Wurde dem Delinquenten ein politisches Vergehen vorgeworfen, fiel die Hinrichtung in die Hand des städtischen Schwertträgers. Er durfte dann ein besonderes Schwert führen: das städtische Richtschwert mit vergoldetem Knauf (→ 36). Da er aber bei Weitem nicht die Erfahrung wie der Henker hatte, passierten immer wieder Missgeschicke.

Im Jahre 1513 gab es für den städtischen Schwertträger einiges zu tun. Es war ein Unruhejahr in Köln. Viele Bürger misstrauten dem Rat, der für sie wenig transparent arbeitete. Die Gaffeln, die politischen Vertretungen der Zünfte, setzten schließlich den Rat ab und ersetzten ihn durch einen Ausschuss, der aus 178 Mitgliedern bestand, die sogenannte Große Schickung, die die Stadtregierung übernahm. Zehn führende Ratsvertreter wurden zum Tode verurteilt und hingerichtet.

Unter den Verurteilten war auch der Rentmeister (Stadtkämmerer) und fünfmalige Bürgermeister Johann von Bergheim. Als ehemaliger städtischer Würdenträger, der aber im Sinne der Anklage sein Amt missbraucht hatte, sollte er auf dem Heumarkt geköpft werden. Der städtische Schwertträ-

Maisel's Weisse

ger, der dies ausführen musste, war Reinhart Feugeler. Er war verwandt mit Johann von Bergheim, der ihm zu diesem Amt verholfen hatte. Feugelers Nerven versagten beim Schwerthieb gegen seinen Verwandten und er schaffte es nicht, dessen Haupt mit einem Schlag vom Rumpf abzutrennen. Dann fiel er in Ohnmacht. Der Henker, der neben Feugeler stand, um ihn wegen seiner Unerfahrenheit Anweisungen zu geben, schnitt für ihn den Kopf des ehemaligen Bürgermeisters ab.

Zwei Tage zuvor war ein anderes ehemaliges Ratsmitglied, Dietrich Spitz, auf dem Heumarkt enthauptet worden. Dabei war zwar das Haupt mit einem Schlag abgetrennt worden, doch der Kopf rollte über das Holzpodest hinunter in die Menge. Er landete vor den Füßen eines Fassbindergesellen, der sich erbarmte, das Haupt aufhob und auf das Podest zurückwarf. Da er sich damit aber in das Handwerk des Henkers eingemischt hatte, wurde er unehrenhaft aus der Fassbinderzunft entlassen.

◂ Auf dem Heumarkt, einst größter Platz von Köln, fanden Hinrichtungen hoher Persönlichkeiten statt, weil dort viele Schaulustige zusehen konnten

31

RHEINSCHMUGGEL

• Rheinufer

Über die Salzgasse gelangt man vom Heumarkt schnell zum Ufer des Rheins. Da die rechtsrheinische Seite erst Ende des 19. Jahrhunderts nach Köln eingemeindet wurde, war der Rhein lange Zeit die Stadtgrenze. Vor allem unter den Franzosen von 1794 bis 1814 blühte der Rheinschmuggel. Viele Waren, vor allem Genussgüter, wie Tabak, Kaffee, Tee und Salz, waren mit hohen Zöllen belegt. Für manche Kölner wurde der Schmuggel von Waren zwischen den beiden Rheinseiten, an denen sich alle gesellschaftlichen Schichten beteiligten, zu einem Zusatzverdienst. Das zeigt sich nicht zuletzt auch daran, dass der Präsident des Handelsgerichts Schaffhausen wegen „großen Mengen Schleichhandelswaren“, die man bei ihm beschlagnahmt hatte, zu einer Geldstrafe von 180.000 Franken verurteilt wurde.

Manche Frauen hielten das Schmuggeln ebenfalls für einen lukrativen Gelderwerb und versteckten die Schmuggelware unten ihren weit ausgestellten Röcken.

Zu den berufsmäßigen Schmugglerinnen zählte Scholastika Bolz, genannt „Bolze Lott“ (1825–1902). Schöpften die Zollbeamten allerdings Verdacht, so konnte eine Leibesvisitation erfolgen, was für eine ehrbare Frau ein großer Ansehensverlust gewesen wäre. Bolze Lott ging in solchen Fällen gerne zur Gegenwehr über, beschimpfte die Beamten wüst und wurde zuweilen auch handgreiflich.

EINE FRAU OHNE KOPF

32

• Rheinufer

Vom Kölner Rheinufer aus schaut man auf den heutigen Stadtteil Deutz, der 1888 nach Köln eingemeindet wurde. Auf dem Deutzer Friedhof machte im November 1863 ein Totengräber einen grausamen Fund. Er entdeckte, dass sich jemand an einem frischen Grab zu schaffen gemacht hatte und dass es auf dem Grab Blutspuren gab. Als er der Sache nachging, entdeckte er in dem Grab eine Frauenleiche ohne Kopf. Man fand heraus, dass es sich bei der Toten um die 33-jährige Louise Johanna Harmgardt aus Düsseldorf handelte, die in Kalk wohnte und vermisst wurde. Der Verdacht fiel schnell auf den verheirateten Zimmermann Anton Thelmann, der mit der Ermordeten seit fast drei Jahren zusammenwohnte. Anfang 1863 hatte Anton Thelmann die Dienstmagd Wilhelmine Knobbe aus Mülheim kennengelernt und ihr schließlich die Ehe versprochen, obwohl er noch verheiratet war, und zwar mit Louise Johanna Harmgardt. Ende Oktober 1863 kam eine Schwester der Wilhelmine Knobbe nach Köln und Anton Thelmann musste befürchten, dass sein Schwindel auffliegen könnte. Vor Gericht gab Anton Thelmann später an, er hätte sich mit Louise in der Nähe des Friedhofs getroffen und es wäre zu einem Streit mit ihr gekommen. Im Alkoholrausch schnitt er ihr mit einem Messer den Hals durch und, um die Tat zu vertuschen, trennte er danach den Kopf mit einer Axt ab. Mithilfe seines Bruders schleifte er den Leichnam auf den Deutzer Friedhof und verscharrte ihn in einem frischen Grab. Das Gericht ging davon aus, dass Anton Thelmann die Tat geplant hatte und verurteilte ihn zum Tode.

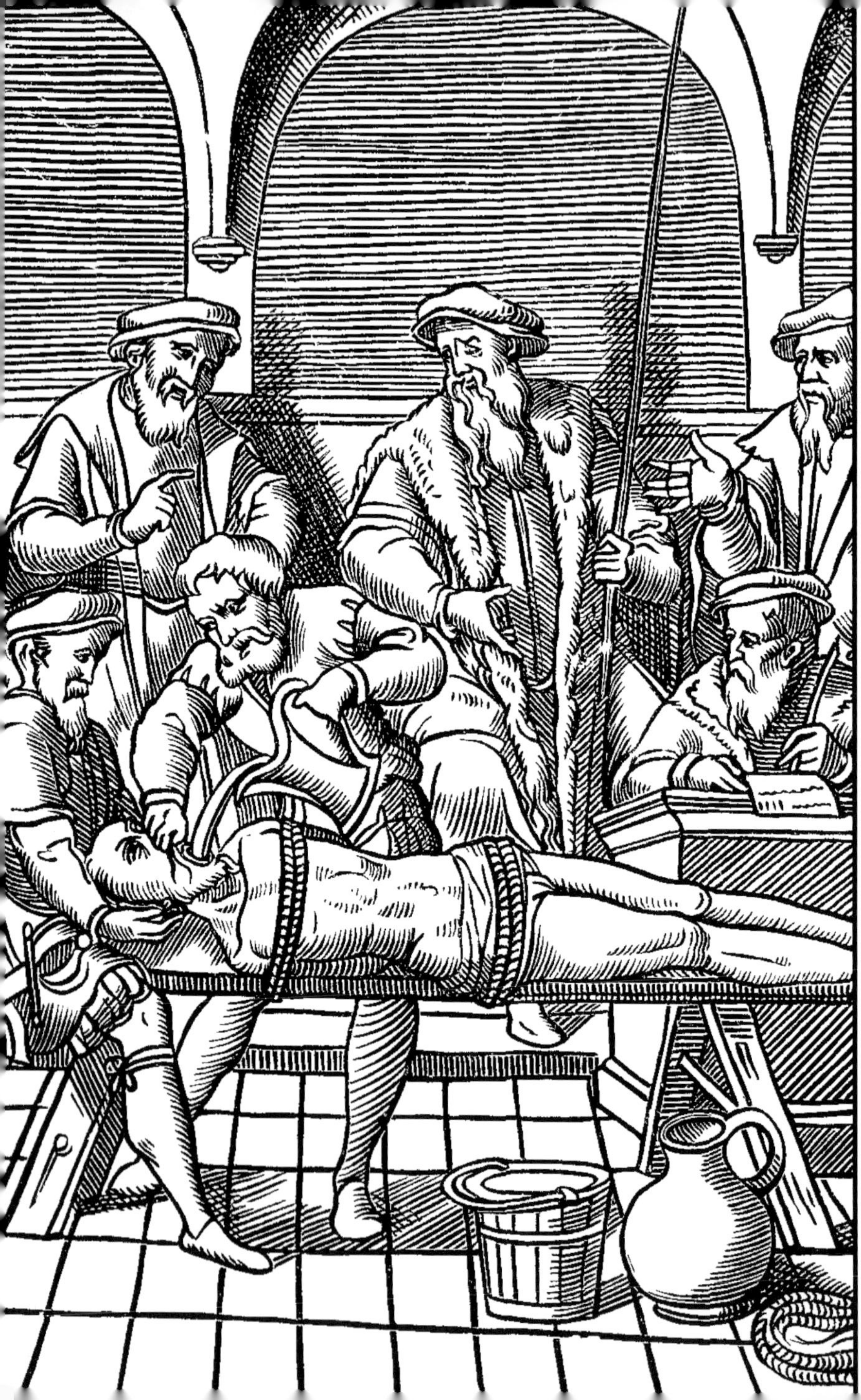

33

GEFÄNGNIS IM FRANKENTURM

• Frankenwerft

Einige Türme in der mittelalterlichen Kölner Stadtmauer dienten als Gefängnisse. So gab es Zellen in der Eigelsteintorburg, im Gereonsturm und im Ehrentor. Am berüchtigtsten waren aber der Frankenturm und die Kunibertstorburg am Rhein. Dort verhörte man die Inhaftierten auch, ehe ein Urteil erfolgte. Im Frankenturm und in der Kunibertstorburg wurden sogenannte „peinliche Verhöre“ durchgeführt, was nichts anderes bedeutet, als dass dabei gefoltert wurde.

Die Foltermethoden waren vielfältig: Auspeitschen, Daumenschrauben, Streckbank, die Anwendung heißer Zangen oder auch die Wassertaufe, heute wieder im Gespräch unter dem Begriff „waterboarding“.

Der Frankenturm war das größte Gefängnis mit insgesamt sechs Kerkern.

◂ Von Schwedentrunk über Wassertaufe bis zu „waterboarding“ – auch mit Flüssigkeiten wurde zu allen Zeiten grauenhaft gefoltert

34

STAUPENLAUF

• Frankenwerft

Ein zum Tode Verurteilter hatte im Mittelalter die fragwürdige Chance, durch einen Staupenlauf sein Leben zurückzugewinnen. Dazu musste er vom Frankenturm zum Dom laufen, und von dort über die Hohe Straße zur Severinstraße. Allerdings standen am Straßenrand die Menschen Spalier und hatten die Erlaubnis, mit allen möglichen Schlaggeräten auf den Delinquenten einzudreschen. Ehe dieser durch das Severinstor in die Freiheit laufen durfte, musste er das letzte Haus an der Severinstraße passieren. In diesem Haus hatte ein Bäcker namens Schmitz seine Backstube, genannt „Schmitz' Backes". Daher rührt auch die Kölner Redewendung: „Do bes och noch nit langs Schmitz' Backes." (Du bist auch noch nicht an der Bäckerei Schmitz vorbei = Du hast noch nicht alles überstanden.).

Wahrscheinlich haben nur wenige den Staupenlauf geschafft. Und wenn doch, dann ist fraglich, wie lange sie in der neu gewonnenen Freiheit überlebt haben.

An der Bäckerei „Schmitz' Backes" endete einst der Staupenlauf ➤

seit
1797
Schmitz Backes

35

KÖLNS BERÜHMTESTE WÜRSTCHENBUDE

• Am Schokoladenmuseum

Hier ist einmal eine Stelle, an dem Kölner Verbrechen nur in der Fantasie von Krimiautoren stattfanden. Eine legendäre Würstchenbude war lange Zeit eine Art Pilgerort für viele Tatortfans, hatten sie doch in etlichen Folgen ihrer Kultkrimiserie schon gesehen, wie die beiden Tatortkommissare Freddy Schenk und Max Ballauf abends oder so zwischendurch nur allzu gerne hier einkehrten – um zu essen, um zu verschnaufen, um kriminalistische Rätsel zu lösen. Doch die Imbissbude gab es nur während der Dreharbeiten auf der Deutzer Seite des Rheins. Ansonsten stand sie vor dem Schokoladenmuseum.

Noch heute steht kurz vor dem Schokoladenmuseum eine Würstchenbude, wenn auch eine andere. Auch ohne Originalbude gehen viele Besucher zur Stärkung dorthin. Andere wiederum genießen nur das Flair am Rhein mit dem Blick auf die rechtsrheinische Seite. Und alle erinnern sich möglicherweise an manche Fernsehfolge, die im Kölner Verbrechermilieu spielte, dabei hoffend, dass Film Film bleibt und nicht Wirklichkeit wird.

Nicht nur die Tatortkommissare, auch die Kölner lieben es, ihr Würstchen am Rheinufer zu verspeisen ➤

WESTLICH DES DOMS

Stadtgeschichte der finsteren Art: Nicht nur im Mittelalter – bis heute bietet Köln Stoff für Krimis jeglicher Couleur. Während der sechziger und siebziger Jahre galt die Stadt sogar als das „Chicago am Rhein“. Und wer damals im Klein Köln war – das ist nicht etwa ein Stadtteil, sondern eine Kölsche Kneipe –, bekam eine leise Ahnung, warum …

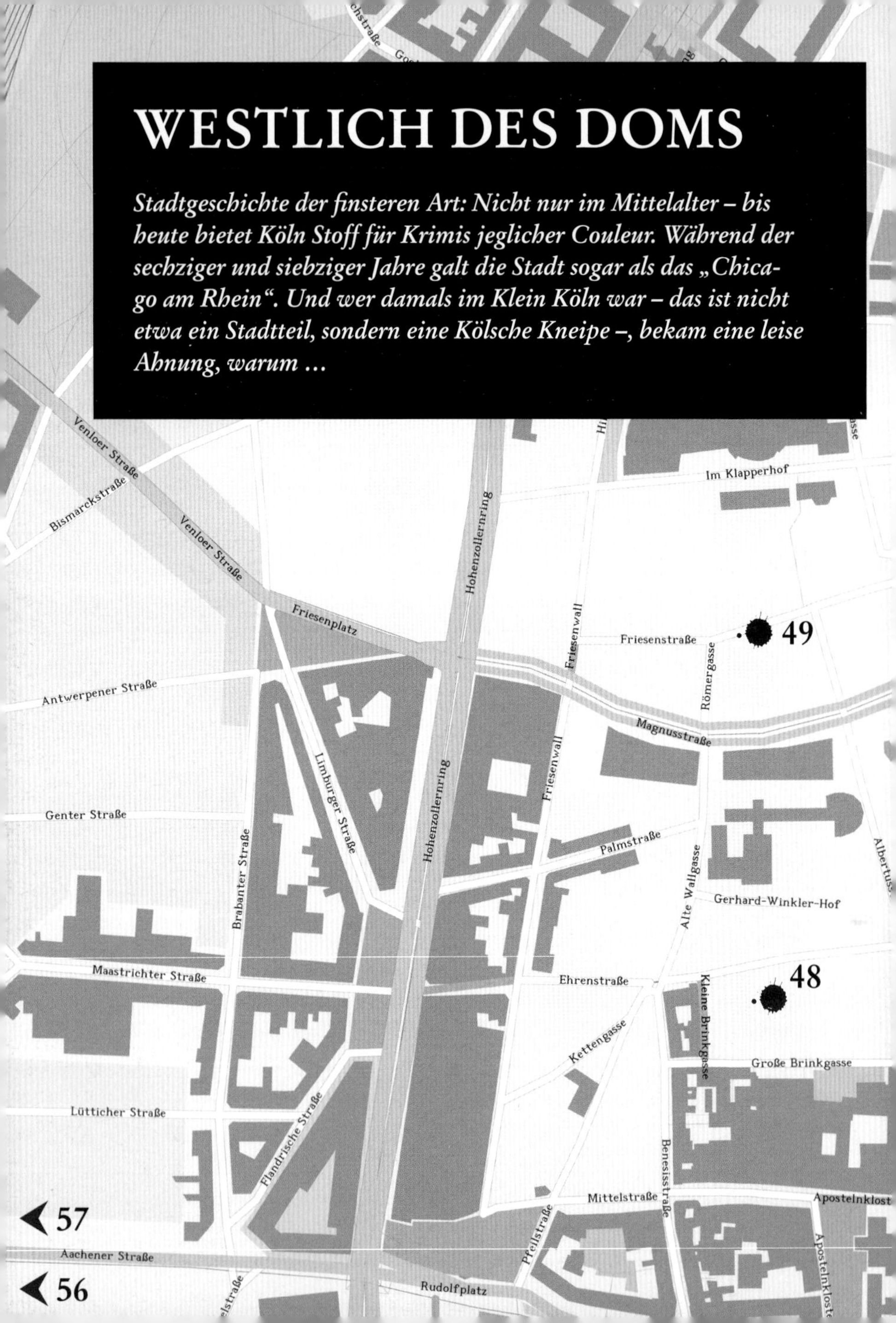

57

56

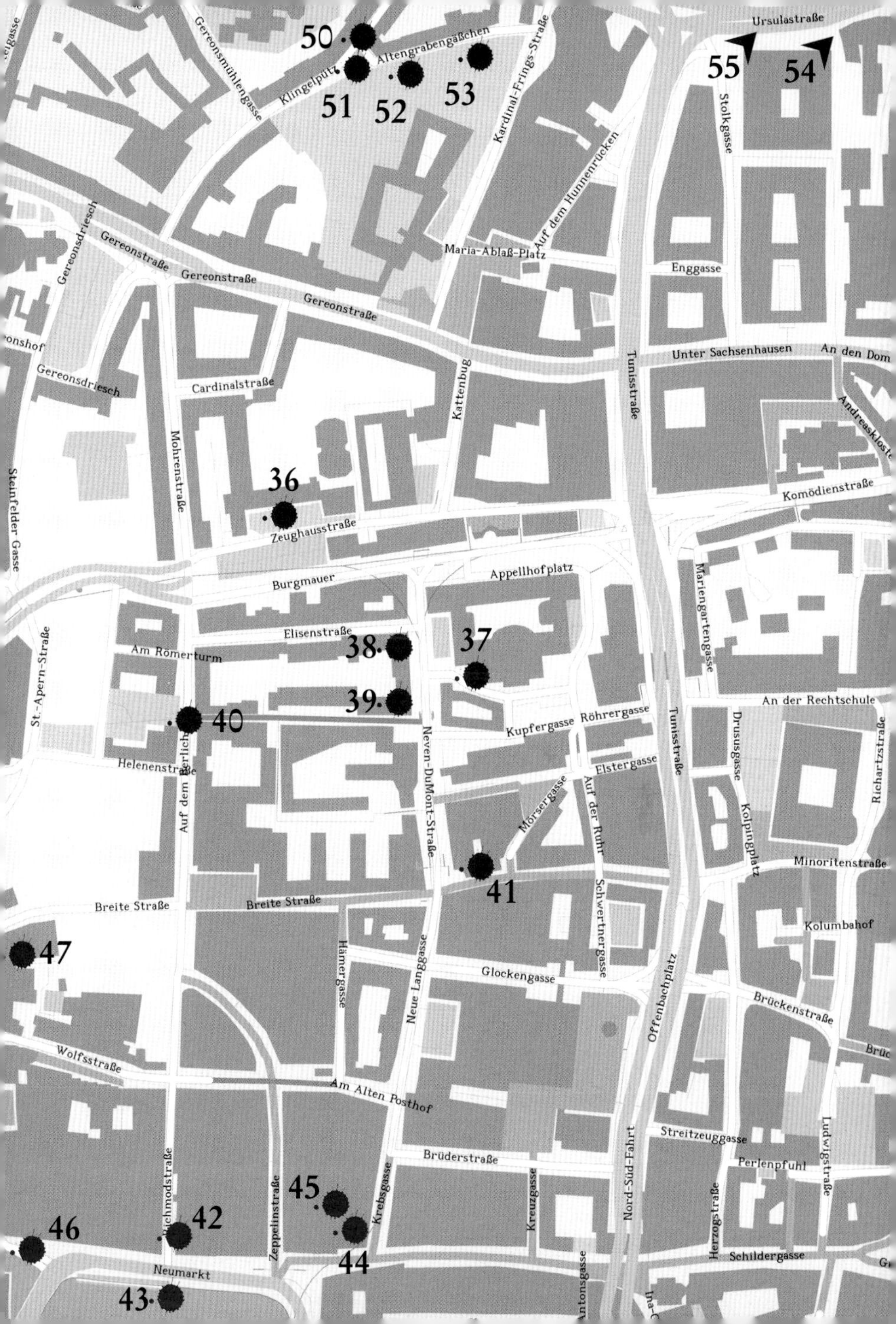
50
51
52
53
54
55
Gereonsmühlengasse
Klingelpütz
Altengrabengäßchen
Kardinal-Frings-Straße
Ursulastraße
Stolkgasse
Auf dem Hunnenrücken
Gereonsdriesch
Gereonstraße
Gereonstraße
Gereonstraße
Maria-Ablaß-Platz
Enggasse
Unter Sachsenhausen
An den Dom
Andreaskloster
Tunisstraße
Gereonsdriesch
Cardinalstraße
Kattenbug
Mohrenstraße
Steinfelder Gasse
36
Zeughausstraße
Komödienstraße
Burgmauer
Appellhofplatz
Mariengartengasse
St.-Apern-Straße
Elisenstraße
Am Römerturm
38
37
39
40
An der Rechtschule
Kupfergasse
Röhrergasse
Helenenstraße
Auf dem Berlich
Neven-DuMont-Straße
Elstergasse
Mörsergasse
Auf der Ruhr
Tunisstraße
Drusugasse
Kolpingplatz
Richartzstraße
Minoritenstraße
41
Breite Straße
Breite Straße
Schwertnergasse
Kolumbahof
47
Hämergasse
Neue Langgasse
Glockengasse
Offenbachplatz
Brückenstraße
Wolfsstraße
Am Alten Posthof
Streitzeuggasse
Brüderstraße
Perlenpfuhl
Ludwigstraße
Nord-Süd-Fahrt
Kreuzgasse
Herzogstraße
Zeppelinstraße
Krebsgasse
45
46
42
44
Richmodstraße
Neumarkt
Schildergasse
Antonsgasse
43

36

KRIMINALGESCHICHTE IM STADTMUSEUM

• Zeughausstraße 1–3

Geht man vom Dom Richtung Westen und folgt dem nördlichen Verlauf der römischen Stadtmauer erreicht man nach einigen Hundert Metern das frühere Waffenarsenal, das Zeughaus, dessen Südmauer die römische Stadtmauer in den Bau integrierte. Das Gebäude beherbergt heute das Kölnische Stadtmuseum. Wer einen Blick hineinwirft, kann einiges aus der Kölner Rechtsgeschichte entdecken.

SCHANDKRONE

Im Kölnischen Stadtmuseum ist eine Schandkrone aus dem 17. Jahrhundert ausgestellt. Un-

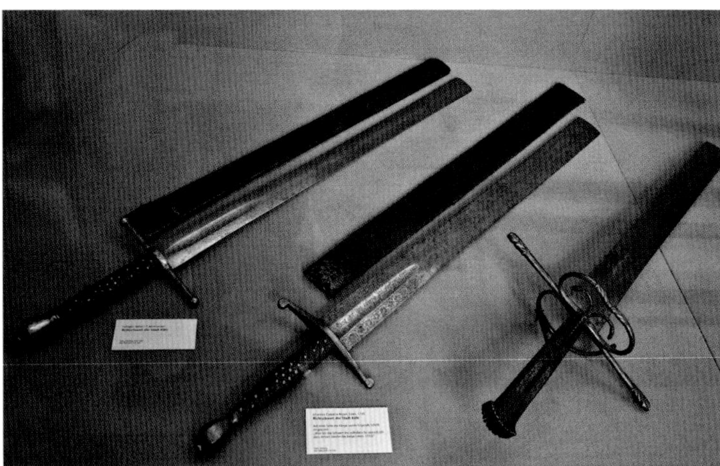

▲ Wie viele Menschen mögen durch sie zu Tode gekommen sein, fragt man sich im Stadtmuseum angesichts der drei Richtschwerter

ter der Schandkrone zu stehen, zählte zu den ehranrüchigen Strafen, und die Ehre war damals das Letzte, was man verlieren konnte. Es konnten zwei Personen unter dieser Schandkrone stehen, die Hände wurden in den entsprechenden Haltevorrichtungen fixiert. Auch wenn eine solche Strafe heute vergleichsweise mild erscheint, so kann sie für frühere Zeiten als drastisch angesehen werden, denn die Leute mieden Menschen, die unter der Schandkrone gestanden hatten. Für Frauen schmälerten sich danach die Heirataussichten erheblich. Die Bestraften waren stigmatisiert und wurden, so sie denn Mitglied waren, häufig ihrer Zunft verwiesen und mussten versuchen, sich eine neue Existenz aufzubauen. Mit dem Makel der Ehrenstrafe war dies aber äußerst schwer.

Meistens wurden diese Strafen bei leichtem, aber wiederholtem Betrug verhängt. Manchmal wurde dem Straftäter zudem ein hölzerner Spottmantel, eine „Heuke", angelegt. Mit einem solchen musste 1520 Thoenis Sadelmecher unter der Schandkrone stehen. Ihm wurde vorgeworfen, er hätte Schweinefleisch, das durch die Pest verseucht war, verkauft. Schon damals wurden Menschen, die ungesunde Lebensmittel wissentlich verkauften, schwer bestraft.

DAS RICHTSCHWERT DER STADT KÖLN

Bereits mit der gewonnenen Schlacht zu Worringen 1288 und später im Verbundbrief von 1396 – ebenfalls im Kölnischen Stadtmuseum zu entdecken – hatte die Stadt Köln durchgesetzt, dass sie politische Verbrecher verurteilen konnte. In so einem Fall führte bei einer Todesstrafe der städtische Schwertträger das Richtschwert. Es hing in der Rentkammer des Rathauses. Drei dieser Richtschwerter sind im Kölnischen Stadtmuseum ausgestellt. Das älteste noch erhaltene Schwert ist möglicherweise aus dem 14. Jahrhundert. In seinem Knaufende ist

das Wappen der Stadt Köln mit den Kronen der Heiligen Drei Könige eingelassen. Möglicherweise wurde dieses Schwert für das Todesurteil gegen den erzbischöflichen Siegelverwahrer Hermann von Goch 1398 angewendet. Ein zweites erhaltenes Richtschwert entstand um das Jahr 1600 und ein drittes stammt aus dem Jahr 1725. Das geht aus der Inschrift hervor: „Wan ich das Schwerdt thu aufheben / So wunsch ich dem Armen sünder das ewige Leben 1725." Man kann davon ausgehen, dass an allen Richtschwertern das Blut von hochgestellten Kölnern klebt, die nicht gesetzestreu waren.

DER KOPF DES NIKOLAUS GÜLICH

Im Kölnischen Stadtmuseum sieht man auch das in Erz gegossene Haupt des Nikolaus Gülich, von dem bereits berichtet wurde (→ 25), dass er 1686 als Rädelsführer hingerichtet wurde. Nachdem der Rat beschlossen hatte, dass sein Haus abgerissen werden sollte und der Ort nie wieder bebaut werden durfte, entstand der Gülichplatz. 1687 ließ der Rat auf dem Platz zur Abschreckung eine Schandsäule mit dem in Erz gegossenen und von einem Schwert durchstoßenen Haupt des Nikolaus Gülich errichten. Erst im Jahr 1797 wurde sie feierlich zerstört, da die Franzosen Gülich als Freiheitskämpfer ansahen, der für ähnliche Ideen gekämpft hatte wie sie. Der Kopf wurde aufbewahrt.

HERMANN VON GOCH

Eine schillernde Karriere erlebte Hermann von Goch, der wohl in Goch am Niederrhein um 1340 geboren wurde. Die Familie sah für ihn eine geistliche Laufbahn vor. 1373 wurde er von Kaiser Karl IV. zum Kaplan ernannt. Dennoch war er mit Irmgard von Kemenade liiert, mit der er bereits mehrere Kinder hatte. Fünf Jahre später, 1378, versah ihn der Kölner Erzbischof Friedrich III. von Saarwerden mit vielfältigen Aufgaben, darunter auch

◄ Das vom Schwert durchbohrte Haupt aus Erz von Nikolaus Gülich, heute im Stadtmuseum, war einst auf der Schandsäule auf dem Gülichplatz

mit der Führung des Offizialsiegels. 1385 erwarb Hermann von Goch das Kölner Bürgerrecht. Ebenso schaffte er es, dass der Papst ihn von seinem geistlichen Stand entband, sodass er Irmgard von Kemenade heiraten konnte. Insgesamt hatte das Paar dann neun Kinder. Seine vielfältigen Aufgaben gestatteten ihm hohe finanzielle Einkünfte. Da er viele Geschäfte im Auftrag des Kölner Erzbischofs tätigte, der den Kölnern verhasst war, hatte Hermann von Goch auch viele Feinde. Kölner Bürger erhoben gegen ihn den Vorwurf, Gelder veruntreut zu haben. Zwischen 1396 bis 1397 saß er mehrfach in Gefängnissen. Der Rat gewährte ihm allerdings Hafterleichterung, so hatte man ihm beispielsweise seine Essenswünsche erfüllt, ebenso den Wunsch, dass seine Zelle besser ausgestattet wurde.

Nach seiner Haftentlassung verließ Hermann von Goch Köln und trat in den Dienst des Grafen von Geldern. Allerdings kehrte er ohne ein entsprechendes Schreiben des Grafen nach Köln zurück, wurde inhaftiert und des Hochverrats bezichtigt. Ihm wurde vorgeworfen, die einflussreichen Patrizier, die bis 1396 die politische „Richerzeche" gebildet hatten und die Geschicke der Stadt bestimmten, wieder an die Macht bringen zu wollen. Der Verbundbrief von 1396 hatte die Macht der Richerzeche massiv geschmälert, stattdessen regierten die Gaffeln. Im Mai 1398 wurden Hermann von Goch und sein Begleiter Goswin von der Kemenade auf dem Judenbüchel vor den Toren Kölns hingerichtet.

Die Gegenstände, die Herman von Goch bei seiner Verhaftung dabei hatte, gelangten in den Besitz der Stadt. Sie wurden über Jahrhunderte im Rathaus verwahrt und kamen Ende des 19. Jahrhunderts in das Historische Museum der Stadt Köln, das heute das Kölnische Stadtmuseum ist. Zu diesen Gegenständen, von denen angenommen wird, dass sie Eigentum Hermann von Gochs waren und die im Kölnischen Stadtmuseum zu sehen sind, zählen ein silberner Reiselöffel mit

Lederetui, ein Messeretui, zwei Siegelstempel, die Hermann von Goch gehörten, und drei, die seinen Söhnen zugeschrieben werden. Diese Dinge hatte Hermann von Goch möglicherweise an seinem Gürtel getragen.

Die „Spottfahne" des Hermann von Goch ist ein bemaltes Leinentuch, das zwei raufende Männer zeigt. Möglicherweise hing diese Fahne vor seiner Gefängnistür.

MODELL DER DOMUMGEBUNG

Geht man ins Obergeschoss des Kölnischen Stadtmuseums, so findet sich dort ein Modell der Domumgebung aus dem Mittelalter. Dort erkennt man an der Südseite des Doms das Hohe Weltliche Gericht (→ 7) und gegenüber, an der Südseite des Domhofes gelegen, das Gefängnis, die Hacht (→ 6) genannt.

Das Modell der mittelalterlichen Stadt befindet sich im Erdgeschoss des Kölner Stadtmuseums ▲

37

PROZESS GEGEN DIE HERSTATT-BANK

• Appellhofplatz

Von 1979 bis 1983 fand im Appellationsgerichtshof der große Prozess gegen die Verantwortlichen der privaten Herstatt-Bank statt, die im Jahr 1974 wegen Milliardenverluste vornehmlich durch Devisen- und Goldspekulationen schließen musste. Am 26. Juni 1974 waren die Verluste der Privatbank auf 480 Millionen DM gestiegen. Da sich andere Banken wie die Deutsche Bank, die Commerzbank und die Dresdner Bank weigerten Bürgschaften zu übernehmen, verfügte das Bundesaufsichtsamt für das Kreditwesen die sofortige Schließung der Bank. Am Hauptsitz der Bank – einige Meter vom Appellhofplatz entfernt in der Straße Unter Sachsenhausen – kam es zu vielen Tumulten. Vor allem die privaten Anleger forderten ihr Geld zurück. Die Polizei musste das Gebäude sichern. Infolge der Ereignisse fielen die deutschen Aktienkurse drastisch.

Es war damals die größte Bankpleite in der deutschen Nachkriegszeit. Im März 1979 begann der Prozess gegen fünf leitende Banker und drei Devisenhändler. Die Devisenhändler Norbert Arden, Bruno Blaeser und Bruno Heinen wurden 1983 zu mehrjährigen Freiheitsstrafen verurteilt.

Nach dem Zusammenbruch der Herstatt-Bank wurden in Deutschland der Einlagensicherungsfonds gegründet und mehrere Gesetze und Vorschriften geändert. Der Vergleich aus dem gesamten Verfahren wurde erst 2009 abgeschlossen.

Das Backsteingebäude am Appellhofplatz ist der ehemalige Appellationsgerichtshof, der dem Platz seinen Namen gab. 1826 wurde hier der erste Bau

Die Herstatt-Bank verursachte die damals größte Bankenpleite in Deutschland nach dem Zweiten Weltkrieg ➤

eröffnet, in dem das rheinische Appellationsgericht untergebracht war. Dies war die wichtigste Behörde der Rheinprovinz, die Köln zugeteilt worden war. Dafür hatte sich die Stadt Köln auch entsprechend eingesetzt und das Grundstück gestellt sowie einen Teil der Baukosten übernommen. Das preußische Appellationsgericht war die oberste Instanz der Gerichtsbarkeit, der Vorgänger des heutigen Oberlandesgerichts. Am Kölner Appellationsgericht war der Vater von Konrad Adenauer Sekretär. Adenauer war mehrere Jahre Oberbürgermeisters von Köln und später auch Bundeskanzler der Bundesrepublik Deutschland.

Unter der Herrschaft der Preußen hatten die Rheinlande die unter Napoleon erhaltene Gesetzgebung mit dem Code civil beibehalten (→ 11). Die in fünf Gesetzesbüchern geregelte Rechtsprechung war wesentlich fortschrittlicher als die preußische. In der französischen Rechtsprechung waren wichtige Erneuerungen wie die Gleichheit aller Bürger vor dem Gesetz, richterliche Unabhängigkeit und Öffentlichkeit der Verhandlungen verankert.

Der Bau des Appellationsgerichts begann 1823 nach Plänen des Kölner Stadtbaurats Johann Peter Weyer. Da Köln aufgrund der Industrialisierung sehr schnell expandierte, war auch das Gerichtsgebäude bald zu klein und andere Räume mussten angemietet werden. 1897 änderte sich die Gerichtsbarkeit: Erneuerungen wie die Strafprozess- und die Zivilprozessordung traten in Kraft. Die früheren Friedensgerichte wurden in Amtsgerichte umgewandelt, das Appellationsgericht wurde zum Oberlandesgericht. Die juristischen Erneuerungen erforderten einen Erweiterungsbau, den der Regierungsbaumeister Paul Thoemer errichtete. Bald musste das Gerichtsgebäude abermals erneuert werden (1888–1897). Für den Neubau des Oberlandesgerichts (→ 55) am Reichenspergerplatz (1907–1911) schuf ebenfalls Thoemer die Pläne. Das Gebäude am Appellhofplatz beherbergte fortan nur noch die Strafjustiz. Es galt Ende des 19. Jahrhunderts als äußerst modern, denn es wies eigene Eingänge für Besucher auf und eine große Wandelhalle, in der sich Besucher mit Vertretern der Gerichtsbarkeit treffen konnten. Unter den Nationalsozialisten erhielten die Justizbehörden nach der „Machtergreifung" neue Aufgaben, die teilweise den Sondergerichten zufielen. Eine ihrer Aufgaben war es, Gegner des NS-Regimes schnell abzuurteilen. Im Gericht am Appellhofplatz tagte ein solches Sondergericht. Einer der ersten großen Prozesse war im Sommer 1933. Damals wurden siebzehn Kommunisten beschuldigt, zwei SA-Männer ermordet zu haben; sechs von ihnen hat man zum Tode verurteilt. Mit Beginn des Zweiten Weltkriegs stiegen die Fälle, die vor Sondergerichten verhandelt wurden, an. In Köln gab es ab 1941 bis zu vier Sondergerichte, die teilweise die Urteile innerhalb eines Tages fällten. Wer bei Plünderungen erwischt wurde, musste mit der Todesstrafe rechnen. Wie viele Prozesse im Sondergericht geführt wurden, ist nicht genau bekannt. Über tausend Akten sind erhalten. Insgesamt wurden 123 Todesurteile gefällt. Das Gerichtsgebäude wurde bei einem Bombenangriff stark zerstört und in bewusst einfacherer Form wieder hergestellt und teilweise neu aufgebaut.

38

FLUCHT AUS DER FOLTERKAMMER

• Appellhofplatz 23

Gegenüber dem Gericht am Appellhofplatz liegt das EL-DE-Haus, das seit 1988 das NS-Dokumentationszentrum der Stadt Köln beherbergt.

Von einem der Inhaftierten im EL-DE-Haus, dem Gefangenen Askold Kurov, gibt es mehrere Inschriften. Als er sechzehn Jahre alt war, wurde er 1942 mit etwa tausend anderen nach Köln als „Ostarbeiter" verschleppt. Er floh mehrmals und landete in verschiedenen Arbeitslagern. Im Kölner Messelager erhielt er die Nummer 483. Hier lernte er auch seine spätere Frau Vera Serjewski kennen. Durch Denunziationen wurde Askold Kurov am 24. Dezember 1944 verhaftet und im EL-DE-Haus inhaftiert. Wie die anderen Inhaftierten bekam er hautnah mit, in welchem Zustand die Verhörten wieder in die Zelle zurückkamen. Die meisten wiesen schlimmste Folter-Merkmale auf. Manche kamen gar nicht mehr in die Zelle zurück. Eine seiner Inschriften lautet: „Heute ist der 3.2.45. 40 Leute heute gehängt. Wir haben schon 43 Tage gesessen. Das Verhör geht zu Ende. Jetzt sind wir mit dem Galgen an der Reihe. Ich bitte diejenigen, die uns kennen, unseren Kameraden auszurichten, dass auch wir in diesen Folterkammern umgekommen sind. Heute ist der 4.2.45, 5.2., 6.2., 7.2., 8.2., 9.2., 10.2." – Eine andere Inschrift lautet: „Leb wohl, liebe Vera – Askold. So vergeht das junge Leben."

An einem Tag Mitte Februar 1945 sollte Askold Kurov im EL-DE-Haus unter Aufsicht der NS-Schergen Akten von einem Ort zu einem anderen transportieren. Er arbeitete im Tiefkeller, als im Gefängnis, das eine Etage höher lag, das Tele-

Im EL-DE-Haus, einst Gestapozentrale und Gefängnis, wurden die Gefangenen grausam gefoltert und umgebracht ➤

EL-DE-Haus
Köln im Na
EL-DE-Haus
Köln im Nationalsozialismus
Stadt Köln

fon klingelte. Sein Bewacher lief nach oben. Kurov nutzte diesen Moment. Er hatte gesehen, dass die Tür zum Heizungskeller unverschlossen war und das im Kohlenkeller die Fenster nicht vergittert waren. Er konnte durch das Kellerfenster fliehen und wurde von keinem NS-Schergen vor dem EL-DE-Haus gesehen. Wäre er erwischt worden, wäre er auf der Stelle zum Tode verurteilt und möglicherweise noch im EL-DE-Haus hingerichtet worden. Wie viele Menschen im EL-DE-Haus tatsächlich auch exekutiert wurden, ist nicht bekannt. Der Galgen im Hof ist aber belegt.

Für Kurov war der Leidensweg mit seiner Flucht aber nicht beendet. Als er 1945 in die Sowjetunion zurückkehrte, wurde er als Kollaborateur verhaftet und kam für vier Monate in ein Arbeitslager.

▲ Kölner Stadtwappen und Wappen des Erbauers Leopold Dahmen am EL-DE-Haus

EL-DE HAUS

Der Name EL-DE–Haus geht zurück auf den ursprünglichen Eigentümer des Hauses Leopold Dahmen. Von Dezember 1935 bis März 1945 war es das Zentrum der Geheimen Staatspolizei (Gestapo) für den Regierungsbezirk Köln. Hier wurden Menschen verhört, gefangen gehalten, gefoltert und getötet. Das Hausgefängnis der Gestapo befand sich in den Kellerräumen. Die Gefängniszellen mit Inschriften der Gefangen sind zu besichtigen. Sie geben einen Eindruck von dem damaligen Grauen und der ständigen Todesangst der Inhaftierten. Eigentlich sollten die Gefangenen in den Zellen nur so lange untergebracht werden, wie die Verhöre andauerten. Einige von ihnen verbrachten hier aber in völlig überfüllten Zellen – teilweise mit bis zu dreißig Personen – mehrere Monate.

39

DER PFARRER VON ST. MARIA IN DER KUPFERGASSE

• Schwalbengasse

Einige Meter vom EL-DE-Haus entfernt, in der Schwalbengasse, befindet sich die aus dem 17. Jahrhundert stammende Marienkirche. Im Herbst 1803 gingen in Köln Gerüchte um, der Pfarrer von St. Maria in der Kupfergasse sei in einen Mord verwickelt.

Am 6. September 1803 war auf der rechten Rheinseite in Deutz Festtagsstimmung, da der Fürst von Nassau-Usingen als neuer Landesherr die Deutzer begrüßte. Am nächsten Tag verbreitete sich aber bereits die Nachricht, es seien am Rhein zwischen Deutz und Poll zwei Frauenleichen „mit durchgeschnittenen Hälsen" gefunden worden. Aufgrund der Kleidung schloss man, dass sie vom Oberrhein sein könnten. Ihr Alter wurde auf etwa 35 und 60 Jahre geschätzt. Damit die Frauen identifiziert werden konnten, wurden die Leichname in Deutz ausgestellt. Das führte dazu, dass sich Menschenmengen auf die rechtsrheinische Seite begaben. Trotz der vielen Menschen gab es keine brauchbaren Hinweise, um die toten Frauen zu identifizieren.

Dann meldete sich der Schwiegersohn des Juristen Heinrich Gottfried Wilhelm Daniels, der spätere erste Präsident des Appellationsgerichtshofes in Köln (1819). Er hieß Coormann und hatte sich einige Tage in Koblenz aufgehalten. Als er nach Köln zurückkehrte, las er in der Zeitung von dem Mord an den beiden Frauen. Er erinnerte sich, sie in der Postkutsche auf dem Weg nach Koblenz gesehen zu haben. Er wusste auch noch, dass ein Mann die beiden Frauen begleitet hatte und alle drei seien in Wesseling ausgestiegen. Coormann meinte, der Mann wäre wie ein Geistlicher gekleidet gewesen. Nach weiteren Nachforschungen in Wesseling fand die Polizei den Schiffer Nicolaus Laufenberg, der am 6. September 1803 die drei beschriebenen Personen auf die andere Rheinseite nach Lülsdorf gebracht hatte. Laufenberg bestätigte, dass der Mann ein Geistlicher war und dass er diesen bereits öfter gesehen hatte. Als ein weiterer Hinweis auf das Kölner „Hotel de France“ erfolgte, in dem die beiden Frauen ein Zimmer gemietet hatten, erfuhr die Polizei im Hotel, dass dort ein Geistlicher ebenfalls in Begleitung der beiden Frauen gesehen worden war. Es war sogar bekannt, dass es sich dabei um den seit Kurzem in Köln wohnenden Pfarrer der Kirche St. Maria in der Kupfergasse Peter Joseph Schäffer handelte.

Weil es sehr schwierig war, einen Geistlichen des Mordes zu bezichtigen, ging die Polizei recht vorsichtig mit ihren Ergebnissen um. Da sie erfahren hatten, Schäffer verkehre abends öfter im „Feldmüllerschen Haus“, begab sich der Zeuge Coormann als Gast ebenfalls dorthin und erkannte in Schäffer den Geistlichen, der mit den beiden Frauen am 6. September 1803 in der Postkutsche gesessen hatte. Pfarrer Schäffer wurde daraufhin vorgeladen, um beizutragen, den Mord an den beiden Frauen aufzuklären. Sehr bald verstrickte er sich in falsche Aussagen. Bei einer Hausdurchsuchung wurden schließlich Blutflecken auf seinen Kleidern festgestellt, die er am besagten Tag trug. Schäffer wurde verhaftet. Die Neuigkeit, dass offenbar ein Geistlicher den Mord an den beiden Frauen begangen hatte, verbreitete sich wie ein Lauffeuer in Köln.

In den folgenden Verhören verstrickte sich Schäffer immer mehr in Widersprüche. Schließlich gestand er die Tat. Bei den beiden Toten handelte es sich um die Schwestern Katharina und Barbara Ritter aus dem Elsass. Sie hatten ihm dort den Haushalt geführt. Als Schäffer versetzt wurde, folgten sie ihm gegen seinen Willen zunächst nach Aachen und schließlich nach Köln. Schäffer versuchte, die beiden Frauen geheim unterzubringen und nicht mit ihnen in Verbindung gebracht zu werden, weil er negative Folgen für seine Karriere befürchtete. Allerdings wuchsen Schäffer die Kosten für die Frauen über den Kopf. Außerdem wollten die Schwestern nicht ständig in Verstecken leben, sondern am öffentlichen Leben teilnehmen. Als sich Schäffer keinen Ausweg mehr wusste, lud er die beiden Frauen unter einem Vorwand zu einer Postkutschenfahrt ein. In Wesseling stieg er aus, setzte mit einem Schiff auf die andere Rheinseite, ging wieder zurück Richtung Köln und ermordete sie in den Poller Wiesen. Im Oktober 1803 wurde Schäffer an das Hauptkriminalgericht in Aachen überstellt. Dort leugnete Schäffer die Tat. Erst kurz vor seiner Hinrichtung am 29. Dezember 1803 gestand er sie endgültig.

40

MITTELALTERLICHES FREUDENHAUS

• Auf dem Berlich

Unweit der Kirche St. Maria in der Kupfergasse liegt die Schwalbengasse, die die Straße Auf dem Berlich kreuzt. Hier befand sich das mittelalterliche Rotlichtviertel. Im Jahr 1524 ließ der Rat der Stadt Köln hier ein offizielles „Frauenhaus" errichten. Später beschrieb der Ratsherr Hermann von Weinsberg dieses Freudenhaus als „ein hölzernes Gehäuse mit steinernen Fundamenten, das hinten einen Hof und einen Friedhof für die gemeinen Dirnen hatte; oben auf dem Schieferdach trug es die Stadtwimpel mit den drei Kronen". An das Haus war eine Gaststätte angeschlossen, die als Kontakthof diente. Anhand der Steuerliste lässt sich erkennen, dass die Getränke hier um ein Vielfaches teurer waren als in anderen Gaststätten. In dem Haus Auf dem Berlich lebten und arbeiteten sechs bis acht Dirnen. Da dies für die Stadt Köln mit ihren 40.000 Einwohnern zu wenig waren, gab es in der Stadt eine Reihe weiterer Gassen, in denen die „Schlupf-" oder „Winkelhuren" zu finden waren. Allerdings handelte es sich bei den Schlupf- und Winkelhuren um illegale Prostitution, die die Stadt entsprechend ahndete. Die meisten Frauen, die im Haus Auf dem Berlich ihrer Arbeit nachgingen, waren bei der illegalen Prostitution zum wiederholten Mal erwischt worden und zum „Berlichgang" verurteilt worden. Das Urteil wurde am Blauen Stein (→ 6) im Domhof gesprochen. Danach stellte der Henker sie auf den Schandkarren und führte sie unter dem Gespött der Zuschauer in das „Frauenhaus" Auf dem Berlich. Von hier gelangte kaum eine Frau wieder in die „normale Gesellschaft", jedenfalls schweigen hierzu die Akten. Sicherlich haben aber einige davon geträumt, dass eines Tages ein Freier käme, der sie heiraten würde.

Das „Frauenhaus“ Auf dem Berlich durften nur unverheiratete Männer und Witwer betreten. Wer ins Bordell eingelassen wurde, kontrollierte der Hurenwirt. Hatte sich ein Mann, der das Frauenhaus eigentlich nicht betreten durfte, Zugang verschafft und der Prostituierten fiel es auf, durfte sie ihm alles Wertvolle entwenden. Manch ein Mann wollte am nächsten Morgen eine Frau vom Berlich wegen Diebstahls anzeigen. Wenn der Gewaltrichter aber feststellte, dass der Mann verheiratet war, klärte er den Erstaunten darüber auf, dass die Prostituierte nur das gemacht hatte, was ihr zustand. Schließlich hatte er Ehebruch begangen.

▲ In der Hornstraße findet sich mit dem „Pascha“ das größte Bordell Europas

DAS GEISELDRAMA VON GLADBECK

• Breite Straße

Nicht weit von der Straße Auf dem Berlich befindet sich die Einkaufsstraße Breite Straße, die teilweise Fußgängerzone ist. Ein Abschnitt der Straße wurde am 18. August 1988 gegen 12 Uhr Tatort eines dramatischen Geiseldramas. Dieter Degowski und Hans-Jürgen Rösner hatten zwei Tage zuvor in Gladbeck eine Bank überfallen und waren seitdem auf der Flucht. In ihrer Gewalt befanden sich Geiseln, darunter auch zwei Bankangestellte. Drei Menschen kamen bei dem Drama ums Leben.

In Bremen hatten Degowski, Rösner und seine Freundin Marion Löblich einen Bus mit 32 Fahrgästen in ihre Gewalt gebracht. In dem Bus befanden sich die Schülerinnen Silke Bischof und Ines V. Rösner und Degowski gaben mit den Geiseln in ihrer Gewalt – den beiden Bankangestellten wurde die Waffe an die Kehle gehalten – der Presse Interviews, ehe sie über die Autobahn flüchteten. Auf einem Rastplatz konnte die Polizei Rösners Freundin Marion Löblich festnehmen. Daraufhin forderten die Geiselnehmer ihre sofortige Freilassung, sonst würde eine Geisel erschossen. Die Medienvertreter waren während der gesamten Verfolgungsjagd immer zugegen. Ein Reporter fragte die 18-jährige Geisel Silke Bischof auf dem Parkplatz, wo sie von Degowski mit einer Waffe am Hals in Schach gehalten worden war, wie es ihr dabei erging.

Weil die Polizei der Aufforderung der Geiselnehmer erst eine Minute nach Ablauf des Ultimatums Folge leisten konnte, schoss Degowski dem 15-jägigen Emanuele de Gorgi, der seine neunjährige Schwester schützen wollte, in den Kopf. Da kein Rettungsfahrzeug zur Stelle war, verblutete der Junge. Rösner und Degowski flüchteten mit dem Bus über die Autobahn Richtung Niederlande. Bei der Verfolgung stieß ein Polizeiauto mit einem Pkw zusammen, ein Polizist starb.

An der niederländischen Grenze weigerte sich die Polizei, mit den Geiselnehmern zu verhandeln, solange Kinder in dem Bus seien. Fünf Geiseln wurden freigelassen. Degowski und Rösner erhielten einen neuen Fluchtwagen, der mit einem Peilsender ausgestattet war und dessen Motor per Fernbedienung ausgeschaltet werden konnte. Marion Löblich und der Busfahrer waren während eines Schusswechsels verletzt worden. Rösner und Degowski setzten ihre Flucht mit den beiden Geiseln Silke Bischof und Ines V. nach Deutschland weiter fort und kamen am 18. August 1988 nach Köln, angeblich weil Rösner so gerne einmal den Kölner Dom sehen wollte. In der Breite Straße, unweit der damaligen Redaktion der Boulevard-Zeitung Express und des Kölner Stadt-Anzeigers, legten sie eine Pause ein. Journalisten umlagerten bald das Auto von Rösner mit den beiden Geiseln und führten Interviews. Unter ihnen befand sich auch der heutige Fernsehmoderator Frank Plasberg, der damals als Freier Journalist für den SWF arbeite. Der Sender weigerte sich aber, das Interview auszustrahlen. Andere Medien verhielten sich da anders. Da der Pkw die gesamte Zeit über von Schaulustigen und Reportern umlagert war, hatte die Polizei nach eigenen Angaben keine Möglichkeit gehabt, einzugreifen. Der Express-Journalist Udo Röbel lotste die Geiselnehmer aus der Stadt auf die A3 und begleitete sie bis Siegburg. Auch während dieser Fahrt begleiteten viele Reporter das Fluchtfahrzeug, filmten und schossen Bilder.

Als der Fluchtwagen auf der A3 in Höhe von Bad Honnef auf dem Seitenstreifen anhielt,

In der Breiten Straße stellten sich die Geiselnehmer den Journalisten zum Interview ➤

griff die Polizei ein, rammte das Fluchtfahrzeug und gab über sechzig Schüsse ab. Rösner erschoss die Geisel Silke Bischof, die zweite Geisel Ines V. blieb weitgehend unverletzt, weil sie aus dem Auto in den Seitengraben sprang. – Am Tatort erinnert heute eine Gedenkstätte an den Tod von Silke Bischof.

Das Gladbecker-Geiseldrama führte zu einer intensiven Diskussion zum Verhalten der Medienvertreter, der Polizei und ihrer zahlreichen Fehler sowie über die Rolle der zuständigen Innenminister. Der Bremer Innenminister Bernd Meyer trat von seinem Posten zurück. Der Deutsche Presserat erweiterte den Pressekodex. In einem Interview der Süddeutschen Zeitung zwanzig Jahre nach dem Geiseldrama bereuten einige damalige Journalisten – wie Frank Plasberg – ihr Verhalten.

Die Täter Hans-Jürgen Rösner und Dieter Degowski wurden 1991 zu lebenslanger Haftstrafe verurteilt, gegen Rösner wurde zusätzlich Sicherheitsverwahrung beantragt. Marion Löblich erhielt neun Jahre Haftstrafe und wurde aber nach sechs Jahren wegen guter Führung vorzeitig entlassen. Ein Gnadengesuch Degowskis lehnte der der Ministerpräsident von Nordrhein-Westfalen Rüttgers 2008 ab. Degowski wird damit frühestens im Januar 2016 entlassen. Rösners Antrag auf vorzeitige Entlassung lehnte das Oberlandesgericht in Hamm ab. Rösners Haftstrafe wird frühestens im Februar 2016 ablaufen, allerdings kommt er dann sofort in Sicherheitsverwahrung.

DIE SCHEINTOTE RICHMODIS VON ADUCHT

42

• Richmodstraße

Von der Breite Straße gelangt man über die Richmodstraße zum Neumarkt. In der Richmodstraße grüßen von einem Turm zwei Schimmelköpfe. Sie erinnern an die Sage der Richmodis von Aducht. Die junge Frau war an der Pest verstorben und alsbald auf dem Kirchhof von St. Aposteln beigesetzt worden. Wegen der Ansteckungsgefahr wurden Pesttote sofort beerdigt. Die Totengräber hatten aber gesehen, dass sie einen kostbaren Ring am Finger trug. Da sie es schade fanden, dass der kostbare Ring in der Erde verschwinden sollte, schlichen sie sich nachts heimlich zu dem frischen Grab auf dem

Die zwei Schimmelköpfe erinnern an die scheintote Richmodis ▲

Kirchhof. Sie gruben den Sarg aus und wollten dem Leichnam den Ring abstreifen. Allerdings saß dieser sehr fest. Als sie ein letztes Mal kräftig versuchten, diesen abzustreifen, schlug Richmodis die Augen auf. Sie war nur scheintot gewesen. Die Totengräber rannten entsetzt weg. Richmodis schleppte sich mit letzter Kraft nach Hause, doch keiner wollte auf ihr Klopfen öffnen, da alle dachten sie wäre ein Geist. Ihr Ehemann rief aus: „Ich glaube erst, dass dort unten meine geliebte Richmodis steht, wenn meine Pferde die Treppe hinauflaufen." Das machten diese aber sodann. Deshalb schauen die Pferdeköpfe noch heute aus dem Turm hinaus.

HINRICHTUNGSSTÄTTE AUF DEM NEUMARKT

• Neumarkt

Auf dem Neumarkt, der dem Richmodis-Haus gegenüberliegt, fanden Hinrichtungen sehr viel seltener statt als beispielsweise auf dem Heumarkt. Meistens wurden hier Soldaten hingerichtet, die sich etwas zuschulden kommen ließen. Der Ratsherr Hermann von Weinsberg (1518–1597), der im 16. Jahrhundert ausführlich Tagebuch schrieb, erwähnte, dass 1586 sowie 1587 jeweils ein Stadtsoldat wegen Gewalttaten auf dem Neumarkt hingerichtet wurde. Der Soldat Wilhelm durfte wählen, ob er durch den Strick, das Schwert oder Kugeln sterben wollte. Er wählte den Tod durch Erschießen. Alle Stadtsoldaten mussten zum Schießen antreten. Wilhelm wurde durch sechs Schüsse getötet.

Der Neumarkt hatte sich im Mittelalter zum Viehmarkt entwickelt. So mussten die Bauern aus dem Westen ihr Vieh nicht durch die gesamte Stadt zum Heumarkt am Rhein treiben, sondern konnten es bereits hinter den Toren der Stadt verkaufen.

44

BLECHE BOTZ

• Krebsgasse

Am Neumarkt, Ecke Schildergasse Krebsgasse stand das um 1640 errichtete Klarissen-Kloster. Unter der französischen Herrschaft wurde es säkularisiert und um 1800 durch den Blechschläger Alexander Hittdorf und den Baumeister Johannes Butz zu einem Gefängnis umgebaut. Aufgrund der beiden Nachnamen der Baumeister erhielt das Gebäude im Volksmund bald den Namen „Bleche Botz" (Blecherne Hose).

Damit konnte man sich gut eine Strafe vorstellen, denn in einer blechernen Hose hatte man wenig Bewegungsfreiheit. Später wurde es ein reines Frauengefängnis, bis es 1904 abgerissen wurde und man an seiner Stelle ein Polizeipräsidium errichtete.

DIE GIFTMÖRDERIN GERTRUD BRÜCKMANN

• Krebsgasse

In der Bleche Botz saß auch die Giftmörderin Gertrud Josephine Brückmann. Der 37-Jährigen wurde vorgeworfen, sie habe 1857 ihre siebenjährige Tochter Pauline und ihren Mann vergiftet. Möglicherweise starb auch eine Mitschülerin ihrer Tochter, weil die beiden Mädchen öfter ihr Essen tauschten. Josephine hatte bereits seit Anfang 1856 ein Verhältnis mit dem Goldarbeiter Heinrich Dahmen. Im Juli 1857 war nach etwa zweimonatiger Krankheit Josephines Mann qualvoll verstorben. Im Oktober desselben Jahres verstarb auch die früher kerngesunde Pauline, die zuvor wochenlang über Bauchschmerzen klagte und sich oft erbrach. Ihre schwarze Zunge und ihr dunkler Stuhlgang erregten Verdacht und die Leiche wurde obduziert. Dabei wurden Giftspuren entdeckt. Dies führte dazu, dass die Leiche des Ehemanns Michael Joseph Brückmann exhumiert und untersucht wurde. Bei ihm wurden daraufhin ebenso Giftspuren gefunden. Gertrud Josephine Brückmann beteuerte ihre Unschuld, ebenso zunächst ihr Geliebter Heinrich Dahmen. Später sagte er aus, Josephine habe ihm den Mord an Tochter und Ehemann gestanden. Dahmen erhängte sich schließlich in seiner Zelle. Danach behauptete Josephine, Dahmen habe die Morde begangen. Gertrud Josephine Brückmann wurde dennoch als schuldig angesehen und zum Tode verurteilt. Ihr Gnadengesuch wurde jedoch angenommen und in eine „lebenslängliche Einsperrung im Kloster zum guten Hirten" in Aachen umgewandelt. Dort starb sie 1860, ohne je die Taten gestanden zu haben.

46

DIE STUMME SÜNDE

• Neumarkt 30

Im Jahr 1484 brachte eine Information des Pfarrers von St. Aposteln den Rat und die Stadt in Aufruhr. Der Pfarrer berichtete von einem Mann, der es mit einem anderen Mann trieb. Dabei handelte es sich wohl um einen reichen verheirateten Familienvater, der auch dem Rat angehörte. Auf Homosexualität – damals die „Stumme Sünde" genannt – stand im Mittelalter die gesellschaftliche Ächtung. Da in diesen Fall etwa 200 Männer – mehrheitlich aus der Oberschicht – verwickelt waren, ließ die Stadt den Fall trotz der Untersuchungskommission ruhen. Die Führungsschicht der Stadt wäre zu sehr in Mitleidenschaft gezogen worden.

Im 15. Jahrhundert zeigte der damalige Pfarrer von St. Aposteln einen Fall von Homosexualität an ➤

47

KALTBLÜTIGER MORD IN DER SALATBAR

• Gertrudenstraße

Geht man an der romanischen Kirche St. Aposteln, die im 12./13. Jahrhundert in der heutigen Form entstand, vorbei und die Gertrudenstraße entlang, kommt man nach einigen Minuten zur Salatbar „SupaSalad". Am Montagmorgen des 8. Juli 2007 fand Ralf Schäfer seine Schwester, die 24-jährige Anke Schäfer, ermordet im begehbaren Kühlschrank des Bistros. Wie die eintreffende Kriminalpolizei feststellte, ging der Täter bei der Tat äußerst brutal vor. Der Körper der jungen Frau war mit Messerstichen übersät. Sie hatte den Täter wohl nicht kommen sehen.

Durch Videokameras im Kölner Hauptbahnhof erfuhr die Polizei, dass Anke Schäfer am Sonntagabend gegen 22.14 Uhr von einer Reise zurückkam. Sie wurde noch in einem Asia-Imbiss gefilmt, wo sie sich etwas zu essen für Zuhause kaufte. In der Gertrudenstraße sah eine Zeugin die junge Frau gegen 23 Uhr über einem Aktenordner sitzen. Später fand die Polizei den Ordner wieder im Regal. Anke Schäfer stand wohl in der Küche in dem begehbaren Kühlschrank, als der Täter sie von hinten überraschte. Sie war vermutlich gerade dabei, die Bestellungen für den nächsten Tag vorzubereiten. Neben der Leiche fand die Polizei Zettel und Stift. Obwohl die Salatbar geschlossen war, hatte Anke Schäfer möglicherweise die Eingangstür zur Gertrudenstraße nicht abgeschlossen. Ihr Mobiltelefon und ihre braune Reisetasche der Marke Dunlop, die sie laut Kameraaufzeichnungen bei sich hatte, sind seither verschwunden. Hinter dem Tresen fand die Polizei allerdings noch Wechselgeld, weshalb sie einen Raubmord ausschließt.

Obwohl die Mordkommission Tausende von Zeugenaussagen überprüfte und etwa tausend freiwillig abgegebene Speichelproben auswertete, konnte der Fall bisher nicht gelöst werden. Durch einen Zigarettenstummel, der dem Täter zugeschrieben wird, hat die Polizei eine DNA-Spur. Diese führte aber bisher noch zu keinem weiteren Ergebnis.

Die Kameras im Kölner Hauptbahnhof filmten Anke Schäfer kurz vor ihrem Tod ▲

48

ROTLICHT IN DER BRINKGASSE

• Kleine Brinkgasse

Über die Ehrenstraße führt der Weg zur Kleinen Brinkgasse. Sie war bis in die 1970er Jahre eine einschlägige Adresse für Prostitution. Hier arbeiteten etwa zehn Bordellbesitzer und hundert Prostituierte. Viele boten sich in Schaufenstern an. Die Kleine Brinkgasse hatte von beiden Seiten eine Mauer als „Sichtschutz". Wagten sich neugierige Frauen in die Gasse, wurden sie meisten unflätig beschimpft oder gar mit Abfällen beschmissen. Der Komiker Horst Muy hat der Kleinen Brinkgasse ein Lied gewidmet: „In dr Brinkgass' Nummer 4 steht ein Schild an dr Dür / Mer han kein Personal / jon noh Hus un fick din Ahl." Die Prostitution hatte immer wieder zu Beschwerden von Bürgern und Geschäftsleuten geführt. Daher hatte die Stadt Köln beschlossen, die Prostitution zu verlagern. Es wurde an der Hornstraße das Eros-Center gebaut. Viele Prostituierte legten, vertreten durch ihren Rechtsanwalt, Beschwerde beim Gericht ein. Doch auch das Verwaltungsgericht und das Oberlandesgericht in Köln und Münster entschieden, dass die Damen kein Gewohnheitsrecht zur Ausübung ihrer Tätigkeit in der Brinkgasse hatten.

Die meisten Damen, die hier arbeiteten, waren ständig mit dem Gesetz in Konflikt. Sei es, weil sie für einen Zuhälter arbeiteten, sei es, weil die Polizei ihnen andere Delikte wie Drogenbesitz nachweisen konnte. Selbst wenn die Polizei wusste, dass eine Frau in der Brinkgasse für einen Zuhälter anschaffte, hätte diese selbst gegen den Mann aussagen müssen. Da die meisten Prostituierten dann handgreifliche Maßnahmen zu befürchten hatten, schwiegen sie – oft trotz oder wegen schlimmer Folgen. Von einer Prostituierten wird erzählt, der Zuhälter habe sie „bestraft“, indem er sie mit dem Hintern auf eine heiße Herdplatte setzte. Obwohl sie Monate im Krankenhaus zubrachte, erstattete sie keine Anzeige gegen den Mann.

49

DAS KÖLNER MILJÖH

• Friesenstraße 53 und Im Klapperhof 48

Ein Rotlichtviertel hatte sich auch rund um die Friesenstraße bis in die 1970er Jahre entwickelt. Eine einschlägige Kneipe, in der sich die Größen der Kölner Unterwelt trafen, war das „Klein Köln". Die Kneipe wurde 1926 eröffnet und war in Köln die erste mit Tages- und Nachtkonzession. Hier trafen sich alle, von Ganoven wie Schäfers Nas und Dummse Tünn (→ 3), über Promis wie Heiner Lauterbach und Hella von Sinnen bis hin zu Polizisten. Unter Inhaber Dieter Becker, der wegen seiner Leibesfülle „dr Schmal" genannt wurde, entwickelte sich Klein Köln zur „Box-Bud", zum offiziellen Wiege-Lokal vor Boxkämpfen, die beispielsweise in den Satory-Sälen gegenüber stattfanden. Vor den Kämpfen kamen die Boxer, darunter beispielsweise Peter Müller, René Weller und später Henry Maske, zum Wiegen ins Klein Köln, danach standen sie am Tresen. Peter Müller wurde aufgrund seiner gebückten Kampfhaltung „de Aap" (der Affe) genannt. Bekannt wurde er, weil er 1952 in einem Boxkampf den Schiedsrichter, der ihn wegen Klammerns ermahnt hatte, k. o. schlug. Auch die Sekundanten, die eingreifen wollten, schlug er nieder. Als sein Manager Josef Thelen, der sein Schwiegervater war, dazwischengehen wollte, griff er sogar ihn an.

Anton Dumm, genannt „Dummse Tünn", wurde in den 1960er Jahren weit über die Grenzen Kölns bekannt. Er war ein König im Rotlichtmilieu, aber er war auch Türsteher und konnte jeden mit einem Schlag k. o. hauen. Selten musste er einstecken. Deswegen wurde die

Im „Klein Köln" traf sich einst das Kölner „Miljöh" ➤

Nachtgaststätte
Seit 1926
Dom
Kölsch
KLE
KÖLN

Schlägerei 1975 mit seinem Widersacher, dem Ganovenkönig Heinrich Schäfer (1936–1997), vor dem Lokal „Big Ben“ im Klapperhof legendär. Heinrich Schäfer, genannt „de Nas“ oder „Schäfers Nas“, schlug Dummse Tünn k. o. Zwar trug er einige Knochenbrüche davon, doch Nasen- und Kieferbrüche, verlorene Zähne und Knochenbrüche jeglicher Art gehörten zu den Schlägereien mit Dummse Tünn dazu. Eine Zeit lang arbeitete Dummse Tünn wohl als Leibwächter für Romy Schneider. Er galt als stärkster Mann in Köln, jeder zitterte vor ihm – auch die Polizei. Mit seinen Schlägertrupps terrorisierte er die Szene. Keiner wagte als Zeuge gegen ihn auszusagen. In einer Verhandlung im Amtsgericht am Appellhofplatz drohten seine Anhänger, eine Bombe explodieren zu lassen. Damals war Dummse Tünn wegen Körperverletzung angeklagt. Die Anklage musste fallen gelassen werden, weil es keine Zeugen gab. Einem Staatsanwalt drohte er mit einem Attentat. Oft waren die Zeugen durch den Clan um Anton Dumm bestochen worden. Das fällige Ordnungsgeld für den Zeugen, der seine Aussage vor Gericht widerrief, bezahlte ebenfalls der Anton-Dumm-Clan. Nach langjähriger akribischer Arbeit gelang es der Polizei, ihn 1966 wegen Notzucht, Zuhälterei, gefährlicher Körperverletzung, Fahrens ohne Führerschein und Entführung anzuklagen. Bei diesem Prozess wurden die Gerichtsdiener mit Pistolen ausgerüstet. Auch wenn etwa 80 Zeugen ihr Gedächtnis vor Gericht verloren hatten und manche Anklagepunkte nicht aufrechterhalten werden konnten, reichten die vorhandenen Zeugenaussagen und Beweise aus, um Anton Dumm zu drei Jahren Gefängnis zu verurteilen.

Dummse Tünn fuhr gerne teure, schnelle Autos wie Porsche oder Jaguar. Großzügig ließ er auch schon mal einen Polizisten in seinem Porsche fahren. Vielleicht erklären solche Gefälligkeiten, weshalb die Aufklärungsquote der Delikte in den 1960er Jahre extrem niedrig war, dafür die Anzahl der Delikte mit über 48.000 pro Jahr extrem hoch. Nur jedes dritte Vergehen wurde damals aufgeklärt. So war es in den 1960er und 1970er Jahren, als Köln den Ruf als „Chicago am Rhein“ hatte.

Im Amtsgericht Köln hat Dummse Tünn viele Akten wegen Hehlerei und Steuerhinterziehung. Er kümmerte sich auch um den „Nachwuchs“ und gab dem 17-jährigen „Abels Män“ nach eigenen Angaben Hinweise, wie dass es lachhaft wäre, wenn dieser von seinen Mädels pro Tag nur 50 DM verlangte. So änderte Abels Män, der als schönster Mann im „Miljöh“ galt, seine Taktik. Später verlangte er ein Vielfaches. Er wurde Millionär und gab sein Geld mit vollen Händen aus. Wie er selbst sagte, hatte er sieben Pelzmäntel und sieben Schlangenleder-Anzüge. Damals der letzte Schrei. Und er liebte Rolls-Royce. Ein anderer Ganove, Hermanns Tünn, wurde „die Axt“ genannt, denn er zerschlug auch schon mal einen Tresen – mit einer Axt, die er im Koffer immer mit sich führte.

50

DER KLINGELPÜTZ

• Klingelpütz

Alle großen und kleinen Lichter der Kölner Unterwelt (→ 49) saßen immer wieder mal kürzer, mal länger im berühmt berüchtigten Kölner „Klingelpütz". Das Gefängnis lag nicht weit entfernt von der Friesenstraße. Heute erinnert nur noch der Straßenname an das Gefängnis. Das Gelände gehörte im 12./13. Jahrhundert einer Familie Clingelmann, die dort einige Brunnen (Lateinisch „puteus", Kölsch „Pütz") betrieb. Daher erhielt die Straße den Namen Klingelpütz. Im 15. Jahrhundert entstand hier das Augustiner-Kloster Herrenleichnam, das unter den Franzosen 1793 zum Gefängnis für Kriegsgefangene, später dann auch als deren Krankenhaus umfunktioniert wurde. Im Jahr 1805 wurde der Bau abgerissen. 1833 verkaufte die Stadt Köln das Grundstück an die preußische Regierung. Zwei Jahre später hat man hier das erste Gefängnis der preußischen Rheinprovinz gebaut, das 1838 eröffnet wurde. Es sollte Platz für 800 Insassen bieten. In der Mitte gab es einen oktogonalen Zentralbau, davon gingen in Flügelform die Trakte ab, zunächst zwei, dann wurde es durch einen Einzelhaftflügel erweitert und schließlich entstand ein vierter Flügel, sodass das Gefängnis eine kreuzförmige Anlage um den oktogonalen Mittelbau wurde. Der Bau glich in der Anlage anderen modernen Gefängnisbauten, in deren Mittelbau zentrale Aufsichts- und Verwaltungseinheiten zusammenkamen. Allerdings entsprach er nie einer modernen Gefängnisanlage mit zeitgemäßer Aufsicht. Das Gelände wurde von zwei Gefängnismauern umgeben, die äußere war über sechs Meter hoch. Das

Der Erzbischof Paulus Melchers war der berühmteste Insasse im Klingelpütz ➤

hinderte jedoch die Gefängnisinsassen nicht, sich durch Winken und Rufen der Außenwelt mitzuteilen. Schon bald wurde dies auch von der Gefängnisleitung bemerkt. Offiziell sollte ein solcher Kontakt unter Strafe gestellt werden. Ende des 19. Jahrhunderts wurde der Bau durch Aufstockung der Flügel vergrößert, ebenso wurden einige Modernisierungsmaßnahmen durchgeführt.

Der berühmteste Insasse im Klingelpütz im 19. Jahrhundert war der Kölner Erzbischof Paulus Melchers. Er war mit 53 Jahren 1866 zum Erzbischof von Köln ernannt worden. Während des preußischen „Kulturkampfes", in dem der Staat eine Reihe Freiheiten der Kirche beschnitt und selbst mehr Mitsprache bei der Besetzung kirchlicher Ämter forderte, hatte Melchers geistliche Ämter ohne Absprache mit den preußischen Zuständigkeiten besetzt. Da er die daraufhin verhängte Geldstrafe nicht zahlte, verbüßte er 1874 eine mehrmonatige Ersatzfreiheitsstrafe im Klingelpütz. Ein Teil seines Vermögens wurde konfisziert, einige seiner Möbel öffentlich versteigert. Für die katholischen Kölner war dies ein unsägliches Vorgehen der protestantischen preußischen Regierung. Einer neuen Haftstrafe entzog sich Melchers 1875 durch Flucht in die Niederlande. Dies hatte zur Folge, dass 1880, als unter den Preußen der Kölner Dom nach seiner Fertigstellung endlich feierlich eingeweiht wurde, der Kölner Erzbischof nicht anwesend war.

In der Zeit des Nationalsozialismus hat man teilweise bis zu 1.700 Menschen im Klingelpütz inhaftiert. Über tausend wurden hier hingerichtet. Der Klingelpütz diente den Sondergerichten als zentrale Hinrichtungsstätte. An die Opfer erinnert noch eine Gedenkplatte.

Im Zweiten Weltkrieg wurde das Gefängnis teilweise zerstört und nach dem Krieg wieder aufgebaut, sodass es 1952 wieder 988 Haftplätze gab. Dennoch war das Gefängnis ständig überbelegt: Ein-Mann-Zellen waren

nicht selten mit drei Personen belegt, Sieben-Mann-Zellen mit zehn Personen.
In den 1960er Jahren zählte der Gefängnisbau, der im Zweiten Weltkrieg teilweise zerstört worden war, zu den unsichersten Gefängnissen in der Bundesrepublik Deutschland. Zwischen 1960 und 1969 gelang 27 Häftlingen die Flucht. Drei Gefangene kletterten in Häftlingskleidung über die Mauern und fuhren mit Straßenbahn und Bus durch Köln. Keiner der anderen Fahrgäste reagierte oder alarmierte die Polizei. Allerdings wurden auch einige Ausbruchswillige entdeckt: Zwei Gefangene hatten nicht darauf geachtet, dass beim Zersägen der Gitterstäbe Steinchen in den Innenhof fielen. Dies bemerkten aber die Wärter und vereitelten so den Ausbruch. Der Klingelpütz geriet in den1960er Jahren auch in die Schlagzeilen, nachdem zwei Gefangene verstorben waren. Zwei Gefängniswärter wurden wegen Misshandlungen angezeigt. NRW-Justizminister Josef Neuberger bezeichnete den Klingelpütz als „Dr. Marbuses Gruselkabinett".

Verwandte der Insassen mieteten sich gerne in Zimmern oder Mansarden der umliegenden Häuser ein, um Kontakt mit den Häftlingen aufzunehmen und diverse Dinge – von Zigaretten bis zu Nagelpfeilen und Messern – in den Knast zu schmuggeln. Nachts begleiteten die Anwohner des Öfteren Rufe wie „Sach nix, Jupp. Ich saach och nix." Oder: „Schäng, ich bin nich fremdjejange. Dat musst du mir jläuwe." (Das musst du mir glauben.). Es wurde auch versucht, Botschaften von den Häusern aus ins Gefängnis zu werfen. Die Gefangenen selbst kommunizierten ebenso über Zettelpost, die an Leinen vor ihren Zellenfenstern transportiert wurde. Der Komiker Horst Muys, von dem bereits in der Kleinen Brinkgasse die Rede war und der durch seine Spielsucht in ständiger Geldnot war, saß auch immer wieder tageweise im Klingelpütz. Seine Erlebnisse erzählte er beim nächsten Bühnenauftritt in den gefüllten Karnevalssälen. Jedem war klar, dass er das meiste davon hautnah erlebt hatte. Als der Klingelpütz 1969 abgerissen wurde, sagte Horst Muys: „Jetz han se dr Klingelpötz avjerisse. Woröm? Do wore zovill Muys dren!" Dabei spricht sich der Nachname Muys wie das Kölsche „Müüs" (Mäuse) aus.

Da der Klingelpütz zu veraltet und klein war sowie große Baumängel aufwies, beschloss die Stadt Köln in Ossendorf eine neue Justizvollzugsanstalt zu bauen. Der Name der alten JVA zog allerdings mit. Heute heißt sie immer noch Klingelpütz. Berühmte Insassen in Ossendorf waren die Terroristen Andreas Bader, Ulrike Meinhof, der Bundeskanzler-Spion Günter Guillaume und der Kölner Bankier Iwan David Herstatt (→ 37). Der erste Ausbruch aus dem neuen Klingelpütz gelang einem Franzosen – acht Jahre nach der Eröffnung. Dem Gefängnisdirektor schrieb er immerhin sogar eine Postkarte aus der Freiheit. Vier andere Häftlinge ließen sich während Arbeiten in Kartons verpacken und gelangten so in die Freiheit. Ein anderer grub sich 1985 einen 25 Meter langen Tunnel. Allerdings wurde er etwa eine Stunde nach seiner Flucht in der Kölner Innenstadt gefasst.

DER VAMPIR VON DÜSSELDORF

51

• Klingelpütz

1931 wurde einer der meist gesuchten Sexualtäter der Weimarer Republik im Klingelpütz hingerichtet. Peter Kürten, 1883 in Mülheim bei Köln geboren, wuchs mit dreizehn Geschwistern auf. Der Vater war Alkoholiker, missbrauchte eine Tochter und wanderte ins Gefängnis. Die Mutter ließ sich daraufhin scheiden. Bereits in jungen Jahren entdeckte Peter Kürten seine Lust am Töten. Er geriet bald auf die schiefe Bahn und wurde wegen zahlreicher Vergehen wie Erpressung, Brandstiftung und Diebstahls bestraft. Mit 22 Jahren erhielt er eine dreijährige Zuchthausstrafe. Mit dreißig beging er während eines Einbruchs seinen ersten Mord. Er schnitt der schlafenden neujährigen Christina Klein die Kehle durch. Mit vierzig Jahren heiratete Kürten und zog nach Düsseldorf. Zwischen Februar und November 1929 ermordete er acht Frauen und einen Mann, weitere sieben Mordversuche wurden ihm zu Last gelegt. Da die Suche nach dem Täter lange erfolglos blieb, waren die Menschen vor allem in Düsseldorf in Panik. Im Mai 1930 gelang es der Polizei mithilfe seiner Frau, Kürten zu verhaften. Als ihn zwei überlebende Opfer identifizierten, legte er ein umfassendes Geständnis ab. Er gestand auch, einem Schwan den Hals abgeschnitten und das Blut aus der Kehle gesogen zu haben. Ähnliches, vermutete man, hätte er auch mit seinen menschlichen Opfern gemacht. Er erhielt deswegen den Titel „Vampir von Düsseldorf". Im Juli 1931 wurde er im Klingelpütz durch das Fallbeil hingerichtet. Der Leichnam wurde ohne Kopf beerdigt, da Wissenschaftler sein Hirn auf abnorme Veränderungen untersuchen wollten.

52

DIE UNBERÜHRBAREN

• Altengrabengässchen

Von der Straße Klingelpütz geht das Altengrabengässchen ab. Im Mittelalter war dies eine der verruchtesten Straßen. Denn hier lebten die Unehrenhaften und Unberührbaren: Totengräber, Abdecker und Hundeschläger, die streunende Hunde im Auftrag der Stadt töteten, sowie „Goldgräber", die Güllereiniger bzw. „Schyssefeger", Prostituierten und später auch der Henker (→ 27). Wer mit Unberührbaren in Kontakt kam, wurde selbst ein Unberührbarer und damit aus der Gesellschaft ausgeschlossen.

Der Henker hatte die Oberaufsicht über die Unberührbaren.

Da auch einige Huren im Altengrabengässchen lebten, sollte der Henker sie beschützen. Dies aber nicht kostenfrei: Sie mussten ihm ein Drittel ihrer Einnahmen dafür abtreten. Gab es Streit unter den Bewohnern im Grabengässchen, musste der Henker als Erstes versuchen, den Streit zu schlichten. Gelang dies nicht, wurde der Fall dem Rat übergeben. So wurde 1571 Johann Koch, der vermutlich als Hundeschläger arbeitete, zu zwei Wochen Haft verurteilt, weil er sich mit einem Kloakenreiniger, den er ohrfeigte, um einen Hund gestritten hatte. Gelegentlich besserten sich Schyssefeger ihren Lohn auf, indem sie streunende Hunde töteten und dafür den Lohn beim Rat kassierten. Sie durften das Fell des Tieres behalten und bekamen vom Rat zwei Heller ausbezahlt.

53

SERIENMÖRDER PETER VAN GOER

• Altengrabengässchen

1569 wurde ein Peter van Goer verhört, der seinen Lebensunterhalt als Schyssefeger durch Betteln und als Hundeschläger verdiente. Immer wieder geriet er mit der Justiz in Konflikt. Bereits zwei Jahre zuvor war er bezichtigt worden, einen Jungen umgebracht zu haben. Dies erwies sich aber als falsch, denn der Junge kehrte zu seinen Eltern zurück. Peter van Goer lebte mit einer Frau namens Anna zusammen, der er zwar die Ehe versprochen hatte, sich aber nicht daran hielt und stattdessen mit einer jüngeren Frau anbändelte. Als er erfuhr, Anna habe in Köln einen Mann, der bettelte, trennte er sich endgültig von ihr. In Köln wurde er 1569 schließlich als Ehebrecher und Nichtsnutz dazu verurteilt, auf ewig die Stadt zu verlassen. Vielleicht ein weises Urteil, denn elf Jahre später wurde er in Neuss zum Tode durch Rädern verurteilt. Ihm wurden zahlreiche Morde zur Last gelegt.

54

WECKSCHNAPP

• Kunibertsklostergasse

Ziemlich nah am Theodor-Heuss-Ring und am Konrad-Adenauer-Ufer kann man die Reste der Kunibertstorburg sehen – einen kleinen, mittelalterlichen Turm. Die Sage erzählt, dass zum Tode Verurteilte sehr schlecht behandelt wurden und sehr wenig zu essen bekamen. Ab und an hing man aber einen „Weck", einen Laib Brot, an die Decke. Die hungrigen Gefangenen sprangen und schnappten nach dem Brot, dem Weck. Alsbald öffnete sich aber eine Falltüre und der Mutige fiel den Turm hinunter. Da dieser nicht so hoch war, gab es wohl immer wieder Überlebende. Deswegen hätte man später den Turm mit Messern und Schwertern ausgerüstet, sodass ein Überleben nicht mehr möglich war. Noch heute heißt das kleine mittelalterliche Türmchen der früheren Torburg „Weckschnapp". Wer zum Tode verurteilt worden war, wurde von hier zur Hinrichtungsstätte außerhalb der Gesellschaft, also außerhalb der mittelalterlichen Stadt geführt. Denn er war kein ehrenwerter Mensch mehr. Die meisten Hinrichtungen fanden auf dem Rabenstein statt, dort wo sich seit dem 19. Jahrhundert der Friedhof Melaten (→ 56) befindet.

Der heutige Name des Türmchens „Weckschnapp" verweist noch auf die ehemalige Torburg, in der einst gefoltert wurde ➤

55

OBERLANDESGERICHT

• Reichenspergerplatz 1

Einige Straßen weiter, in der Neustadt-Nord, liegt am Reichenspergerplatz das Oberlandesgericht, erbaut 1907 bis 1911 vom Oberbaurat Paul Thoemer, der auch das Gerichtsgebäude am Appellhofplatz errichtet hatte. Mit 34 Sitzungssälen und 400 Geschäftszimmern auf einem Areal von 12.500 m^2 entsprach der Bau damaligen repräsentativen Gerichtsgebäuden in Paris oder Rom. Das neue Gebäude des Oberlandesgerichts sollte aber auch die Bürgernähe repräsentieren. Auf den langen Fluren, insgesamt vier Kilometer lang, gibt es immer wieder kleine Sitzecken und Trinkwasserbrunnen. Hier sollen sich Kläger, Ankläger und Angeklagte treffen können.

Noch heute dient das Oberlandesgericht häufig als Kulisse in Filmen, so zum Beispiel mal als Gerichtsgebäude, mal als Hotel oder auch als ein anderes repräsentatives Gebäude.

HINRICHTUNGSSTÄTTE MELATEN

• Haupteingang Piusstraße

Eine der mittelalterlichen Hinrichtungsstätten lag im Westen an der Aachener Straße, heute eine vielbefahrene Hauptstraße. Seit dem Beginn des 19. Jahrhunderts befindet sich hier der Friedhof Melaten. Der Name stammt aus dem Lateinischen „malus" für „schlecht", Französisch „malade" für „krank". Benannt wurde er nach dem mittelalterlichen Leprosenhaus. Die Lepra war eine äußerst ansteckende Krankheit. Deswegen wurden die betroffenen Menschen aus der Gesellschaft in ein Leprosenhaus ausgesondert.

Daher war diese Stätte in früheren Zeiten in zweifacher Hinsicht ein Ort des Schreckens: wegen des Leprosenheims und wegen der Hinrichtungen. Hier wurde gerädert, gevierteilt und verbrannt. Meistens hat man Ketzer und Hexen verbrannt. Damit wurde nach damaliger Vorstellung der Körper vernichtet und die Wiederauferstehung beim Jüngsten Gericht war nicht mehr möglich.

57

AUFGRUND IHRES GLAUBENS VERBRANNT

• Haupteingang Piusstraße

Als Ketzer wurden beispielsweise Adolf Clarenbach und Peter Fliesteden 1529 auf Melaten verbrannt. Am Ratsturm ist Clarenbach durch eine Statue vertreten. Adolf Clarenbach, der um das Jahr 1497 in Lüttringhausen geboren wurde, bekannte sich früh zu Luthers Thesen. Deswegen wurde er alsbald aller theologischen Ämter enthoben. Als er 1528 seinen Glaubensgenossen Johann Klopreis nach Köln zum Hohen Gericht begleitete, wurde er selbst in Köln gefangen genommen. Klopreis hingegen gelang die Flucht. Im Dezember 1527 war der junge und wohl auch etwas hitzköpfige Peter Fliesteden im Kölner Dom aufgefallen. Er war ein Anhänger des neuen protestantischen Glaubens und versuchte mit allen Mitteln, gegen den katholischen Glauben anzugehen. Als während eines Hochamtes im Dom die Wandlung anstand, bedeckte Fliesteden sein Haupt, spuckte laut aus und tat allen seine lutherischen Überzeugungen kund. Er wurde sofort gefasst und zum Verhör in den Frankenturm gebracht. Schließlich verurteilte man ihn wegen seiner radikalen protestantischen Auffassungen, die gegen „die kirchliche Beichtpflicht, die Ordensgelübde, den Priesterstand, und vor allem die Gegenwart Christi in den Sakramenten des Abendmahls und die Verehrung des Sakraments“ verstießen. Mit seinem Glaubensbekenner Adolf Clarenbach wurde er am 28. September 1529 im Alter von etwa 32 Jahren zur Verbrennung nach Melaten geführt. Noch auf dem Weg dorthin verkündete Fliesteden seine Thesen des neuen Glaubens, Clarenbach hingegen betete still. Möglicher-

Der Sensenmann ist eines der bekanntesten Grabmale auf dem Melatenfriedhof ➤

weise hatte der Henker Mitleid mit Clarenbach – oder hatte von anderer Seite den Auftrag erhalten – jedenfalls legte er Clarenbach ein kleines Pulversäckchen auf die Brust. Dieses explodierte bei den ersten Flammen und beendete die langen Qualen, die einem Verurteilten auf dem Scheiterhaufen drohten.

An Clarenbach und Fliesteden erinnert ein Gedenkstein am Eingang des Friedhofs. Für die vielen anderen Menschen, die hier hingerichtet wurden, gibt es – noch – keinen Gedenkstein.

ZUR AUTORIN

Ilona Priebe studierte Germanistik, Skandinavistik und Kunstgeschichte und absolvierte eine Ausbildung zur Journalistin und Kulturmanagerin. Seit vielen Jahren entwickelt sie Stadtführungen und bietet sie mit großem Erfolg an. Ihre Tour zu Kölner Kriminalfällen und anderen Themen finden Sie unter:
www.koeln-erlebnistouren.de

ABBILDUNGSNACHWEIS

Alle Bilder, wenn nicht anders angegeben, von Günther Pump.

Raimond Spekking/CC-bY-Sa-3.0 (via Wikimedia Commons): 26
Sir Garwain/CC-bY-Sa-3.0 (via Wikimedia Commons): 19
Eric Isselé-fotolia.com: 29
Der Hexer/CC-bY-Sa-3.0 (via Wikimedia Commons): 33
Darstellung des Räderns: Holzschnitt aus der Schweizer Chronik des Johann Stumpf, Augsburg 1586; aus Wolfgang Schild: Die Geschichte der Gerichtsbarkeit. Vom Gottesurteil bis zum Beginn der modernen Rechtsprechung, Verlag Georg D. W. Callwey, München 1980. (Scan via Wikimedia Commons): 35
Hexentanzplatz, Flugblatt Trier, Hexentanzplatz 1594; aus: Rainer Decker: Hexen, Darmstadt 2004, S. 56 (Scan via Wikimedia Commons): 38
Ilona Priebe: 43, 97
Hinrichtungsmethoden, Ulrich Tengler. Layenspiegel: Von rechtmässigen Ordnungen in burgerlichen und peinlichen Regimenten, Straßburg 1510. (Scan via Wikimedia Commons): 76
Wasserfolter; J. Damhoudère: Praxis Rerum Criminalium 1556 (Scan via Wikimedia Commons): 82
Cardinal Melchers 1915; aus Johann Antonius Schmitz: Kardinal Fischer, Erzbischof von Köln: sein Leben und Wirken, Köln 1915 (Scan via Wikimedia Commons): 129

Kartenmaterial: 123map, © OpenStreet Map Contributors Lizenz CC-BY-SA 2.0